# Dr. Paul Seitz
# Kräuter-garten

FRANCKH-KOSMOS

In Zusammenarbeit mit
mein schöner Garten

# Kräutergarten

## Wissenswertes vorweg

| | |
|---|---|
| Kräuterkultur in der Geschichte | 7 |
| Kleine Kräuterbotanik | 10 |
| Geschützte Pflanzen | 11 |
| Wirkstoffe der Kräuter | 12 |
| Qualität von Kräutern | 13 |
| Duftende Kräuter | 15 |
| Heilkräuter und Selbstbehandlung | 16 |
| Fehler, die andere gemacht haben | 17 |

## Kräutergarten-Praxis

| | |
|---|---|
| Planung | 20 |
| Standort | 22 |
| Boden | 22 |
|     Bodenbearbeitung | 23 |
| Richtige Pflanzenauswahl | 24 |
| Pflanzenbeschaffung | 24 |
| Neuanlage eines Kräutergartens | 25 |
| Mischkultur | 26 |
| Jungpflanzen aus Vorkulturen | 27 |
| Direktsaat ins Freiland | 28 |
| Pflanzung | 29 |
| Pflege | 30 |
|     Im Frühjahr | 30 |
|     Mulchen | 30 |
|     Düngung und Gießen | 30 |
| Pflanzenschutz | 31 |
| Jauchen und Brühen | 32 |
| Das Kräuterjahr verlängern | 34 |
| Überwinterung | 35 |
| Vermehrung | 35 |
| Gestaltung | 37 |
| Streng symmetrische Kräutergärten | 38 |
|     Beetartiger Küchengarten | 39 |
|     Kreuzform-Kräutergärten | 42 |
|     Kräuter-Rondell oder Kräuterrad | 43 |

| | |
|---|---:|
| Unregelmäßige Kräutergärten | 44 |
|     Kräuterspirale | 45 |
|     Das große Kräuterbeet | 46 |
| Hoch- und Hügelbeet | 46 |
| Öko-Kräutergärten | 48 |
|     Permakultur | 48 |
|     Circle Gardening, Findhorn und Mandala-Gärten | 49 |
| Aromagärten: Gärten der Düfte | 51 |
| Kosmetik-Kräutergärten | 51 |
| Färber-Kräutergärten | 53 |
| Insekten-Kräutergärten | 54 |
| Kräuter auf Balkon und Terrasse | 55 |
| Kräuter am Fenster | 57 |
| Kräuter im Zimmer | 60 |
| Ernte | 60 |
| Kräuter haltbar machen | 61 |
|     Trocknen | 61 |
|     Einfrieren | 63 |
|     Einsalzen | 64 |
|     Würzkräuter in Essig und Öl | 64 |
| Verwendung in der Küche | 65 |
| Verwendung in der Heilkunde | 70 |
| Verwendung in Kräutertees | 76 |
| Verwendung in der Naturkosmetik | 76 |
| Dekoratives mit Kräutern | 78 |

## Kräuter-Portraits

| | |
|---|---:|
| Kräuter von A bis Z | 81 |

## Jahres-Arbeitskalender

| | |
|---|---:|
| von Januar bis Dezember | 145 |

## Anhang

| | |
|---|---:|
| Bezugsquellen, Bodenuntersuchungsinstitute, Literatur | 152 |
| Register | 153 |

# Wissenswertes vorweg

# Kräuterkultur in der Geschichte

Das Kräuterwissen ist so alt wie die Geschichte der Menschheit. Instinkt, Beobachtung und Erfahrungen halfen bereits unseren urzeitlichen Vorfahren, heil- und würzkräftige Pflanzen zu nutzen.

Die eigentliche ärztliche Heilkunst ist im antiken Ägypten entstanden. Bereits aus der 6. Dynastie, etwa 2.400 Jahre v. Chr., sind Rezepte mit pflanzlichen Heilmitteln bekannt. Bei der Gründung einer Schule für Heilkunde am Tempel von Edfu in Oberägypten wurde erstmals auch die Anlage eines zugehörigen Kräutergartens erwähnt.

Um 750 v. Chr. sollen im königlichen Kräutergarten des babylonischen Herrschers Mardukapaliddina II. bereits 64 Arzneipflanzen kultiviert worden sein, darunter Knoblauch, Koriander, Kümmel, Fenchel, Portulak, Dill, Senf, Thymian, Hanf und Bilsenkraut.

Hippokrates (460 – 377 v. Chr.), auch „Vater der Heilkunde" genannt, beschrieb mit seinen Schülern das medizinische Gesamtwissen im alten Griechenland. Dabei wurden für jede Krankheit das pflanzliche Heilmittel und die Anwendungsweise ausführlich behandelt.

Schon im Alten Testament werden Arznei-, Duft- und Würzpflanzen mit den Hinweisen auf Würzgärtlein, auf Gewürzberge und Weihrauchhügel erwähnt.

Mit den römischen Soldaten kamen neben wichtigen Obst- und Gemüsearten auch Arznei- und Würzpflanzen über die Alpen

*Fenchel kam schon zu Zeiten Kaiser Karls des Großen in die Klostergärten.*

in die nördlichen Provinzen. Man wollte auf die Lebensgewohnheiten des Mutterlandes, auf bewährte Heilverfahren, würzige Kost und duftende Pflanzen nicht verzichten und bemühte sich deswegen um den Kräuteranbau im neuen Umfeld. Auf diese Weise wurden einige Zwiebelarten, darunter Knoblauch und Lauch sowie Koriander, Kerbel, Kresse, Dill und Minze auch unseren Vorfahren bekannt.

Nach der Verdrängung der Römer, im 3. und 4. Jahrhundert, haben die Alemannen das augenscheinlich Nützliche der importierten römischen Gartenkultur bewußt erhalten. Mit der Christianisierung verloren allerdings die einheimischen Heil-, Würz- und Zauberpflanzen überwiegend ihre ursprünglichen Namen; sie wurden latinisiert und verkirchlicht. Beispielsweise sind auch die magischen

# Wissenswertes vorweg

*Salbei galt schon bei den Mönchen des 9. Jahrhunderts als Heilkraut, dem auch magische Wirkung zugesprochen wurde.*

Die Mönche brauchten die heilkräftigen Pflanzen in unmittelbarer Nähe ihrer Wirkungsstätte für die Zubereitung ihrer stets frischen Arzneimittel zur Krankenpflege. In seinem Gartengedicht „Hortulus" beschreibt der Abt des Benediktiner-Klosters Reichenau, Walahfrid Strabo, um 842 in Versform nicht nur 23 Kräuterarten und ihre Wirkkräfte, sondern auch deren Eigenheiten in der Pflege im Verlaufe des Gartenjahres.

Im medizinisch-historisch wertvollen Werk „Physica" der gelehrten Benediktiner-Äbtissin Hildegard von Bingen (1098 – 1179) sind die Heileigenschaften von über Duftsträuße heidnischer Bräuche nicht radikal verboten, sondern durch kirchliche Weihen am Feiertag „Maria Himmelfahrt" integriert und in die christlichen Rituale einbezogen worden.

## Mittelalter

Mönche des Benediktinerordens, zu deren besonderen Ordenspflichten die Förderung des Land- und Gartenbaues gehört, brachten im 9. Jahrhundert weitere nützliche Kräuterarten, wie z. B. Salbei, Malve, Eibisch, Anis und Liebstöckel, vor allem aus dem vorderasiatischen Raum und der Mittelmeerflora in unsere gemäßigten Klimaregionen.

*Die Wilde Malve* (Malva sylvestris) *wurde schon in den Heilgärten der Mönche angebaut.*

# Geschichte

*Zwischen 830 und 840 schuf der Reichenauer Mönch Walahfrid Strabo das Lehrgedicht „Hortulus" (Gärtlein) über den Kräutergarten des Inselklosters. In 444 Zeilen werden 23 Heilkräuter beschrieben, die noch heute die Gärten bereichern.*

200 verschiedenen Pflanzenarten beschrieben.

Im 13. Jahrhundert erfolgte die Trennung von Medizin und Pharmazie. Durch die Medizinalordnung des Hohenstaufen-Kaisers Friedrich II. im Jahre 1231 wurden die beiden Berufsstände verselbständigt und mit besonderen Rechten und Pflichten ausgestattet. Die Apotheker waren zur sorgfältigen Zubereitung der Arzneien nach Anweisung der Ärzte verpflichtet. Nicht zuletzt deswegen kam es zur Einrichtung zahlreicher Apothekergärten, in denen heilkräftige Kräuter angebaut wurden.

## 16. Jahrhundert bis heute

In der Hausväterzeit des 16. bis 18. Jahrhunderts wurde Kräuteranbau zunehmend für Bürger- und Bauerngärten zur Selbstversorgung empfohlen, und auf den Dörfern sind Kirch- und Pfarrgärten vielfach zu Vorbildern für die ländliche Kräuterkultur geworden. Es dominierte nach dem Abbild der Klostergärten die kreuzförmige Wegeführung zur Beeteinteilung, verbunden mit christlicher Symbolik. Das Wegekreuz sollte den Garten vor dem Zugriff finsterer Mächte schützen.

Besonders bemerkenswert ist die Feststellung, daß pflanzliche Heilmittel seit Jahren nunmehr wieder mehr an Bedeutung erlangen und bei allen Schichten der Bevölkerung wachsende Beliebtheit erfahren. Erfreulich ist auch die Tatsache, daß zunehmend Natur- und Gartenfreunde mehr über heilkräftige, würzende und duftende Pflanzenarten wissen und diese auch selbst anbauen wollen. Es wächst zudem das Interesse an heilenden Kräuteranwendungen für die Selbstmedikationen (siehe dazu auch ab S. 70).

## Kleine Kräuterbotanik

Kräuter sind im botanischen Sinne kurzlebige, nicht verholzende Gewächse. In der Pflanzenheilkunde und Würzkunst dagegen hat sich

*Liebstöckel hat als mehrjährige staudenartige Pflanze eine ausdauernde Lebensweise. Im Winter sterben die oberirdischen krautigen Teile ab.*

*Boretsch ist eine einjährige Pflanze.*

der Begriff „Kräuter" für alle heil- und würzkräftigen Pflanzenarten eingebürgert. Durch Trocknen und Weiterverarbeiten werden die Heilpflanzen zu Drogen, in der Fachsprache als Pflanzendrogen oder Phytopharmaka bezeichnet, und die Würzpflanzen zu pflanzlichen Würzmitteln bzw. Spezereien.

Bezogen auf ihre Lebensdauer sind die Heil- und Würzpflanzen in ein-, zwei- und mehrjährige Pflanzen eingeteilt.

Einjährige Pflanzenarten durchlaufen ihre gesamte Entwicklung in einem Jahr, während zweijährige zwei Vegetationsperioden benötigen. Mehrjährige Pflanzen haben – wie der Name schon sagt – eine ausdauernde Lebensweise.

# Geschützte Pflanzen 11

Die Wiesen-Schlüsselblume oder Wiesen-Primel (Primula veris) ist eine geschützte Pflanze.

etwa 500 Kräuterarten aus allen Erdteilen näher erforscht worden. Bemerkenswert ist, daß etwa 30% der Gattungen und Arten unserer 295 Pflanzenfamilien ätherische Öle enthalten und demnach mehr oder weniger stark duften.

## Geschützte Pflanzen

Zum Schutze der Vielfalt, Schönheit und Eigenart von Natur und Landschaften haben die Länder Naturschutzgesetze und Verordnungen erlassen, die das Sammeln bestimmter Pflanzen untersagen. In sogenannten Roten Listen sind die bedrohten Pflanzenarten – nach Gefährdungsstufen gegliedert – zusammengefaßt und veröffentlicht. Wer also zum Ergänzen seiner Heil- und Würzkräuter des Gartens Pflanzen der freien Natur sammeln will, muß sich vorher vergewissern, ob diese nicht unter Naturschutz stehen!

Als „Wilde oder Halbwilde" sind die meisten Kräuter bescheiden in ihren Lebensansprüchen und widerstandsfähig gegen Umwelteinflüsse, Krankheiten und Schädlinge.

Unsere heute kultivierten Kräuterarten sind ihren Lebensräumen angepaßt und blieben weitgehend in ihrer Ursprünglichkeit erhalten. Nur bei wenigen Arten, wie z. B. Kamillen, Fenchel und Majoran, wurden durch systematische Kreuzungen neue leistungsfähige Sorten gezüchtet.

Fachleute schätzen, daß etwa 20 000 Pflanzenarten Heileigenschaften und Würzkräfte besitzen. Allerdings sind bisher davon nur

In ausgewiesenen Naturschutzgebieten ist das Sammeln von nicht geschützten Pflanzen nur dann erlaubt, wenn Pflanzenbestände und Naturhaushalt unbeeinträchtigt bleiben.

Natur- und Pflanzenfreunde nutzen die Möglichkeiten, dafür andere, ähnlich wirksame, nicht geschützte und seltene Arten im eigenen Garten anzusiedeln. Kräutergärten, Kräuterwiesen und Kräuterbiotope können auf solche Weise zu bemerkenswerten Rückzugsgebieten und Enklaven für einige existenzgefährdete Pflanzenarten werden.

## Wissenswertes vorweg

*Die Blätter der Zitronenmelisse enthalten verschiedene ätherische Öle, zerrieben duften sie angenehm nach Zitrone.*

## Wirkstoffe der Kräuter

Die Wirkstoffe der Pflanzen sind ungleich auf ihre verschiedenen Organe verteilt. Am meisten werden die chlorophyllhaltigen **Blätter** zu Heil- und Würzmitteln verwertet. Sie sind in der Regel also besonders reich an Inhaltsstoffen.

Die **Stengel** dienen dem Wasser- und Stofftransport zwischen Wurzeln und Blättern. Hier lassen sich, abgesehen von Nitraten, im allgemeinen nur geringe Konzentrationen von Inhaltsstoffen nachweisen.

In **Holz und Rinde** werden ebenfalls bestimmte Produkte des pflanzlichen Stoffwechsels abgelagert. Deshalb finden auch sie in der Pflanzenheilkunde (Beispiel Faulbaum-, Eichen-, Weidenrinde) Verwendung.

Die **Wurzeln**, Aufnahmeorgane der Pflanzen, ebenso Rhizome und Wurzelknollen, speichern vielfach Inhaltsstoffe, die heilkräftige, süßende bzw. würzende Eigenschaften erwarten lassen, wie z. B. Wurzel-Petersilie, Rhabarber und Süßholz.

Die pigmentreichen bunten **Blüten** enthalten zudem noch heilaktive Substanzen. Besonders reich an ätherischen Ölen sind im allgemeinen duftende Blüten, beispielsweise Lavendel, Rosen und Flieder.

Die fleischigen **Früchte** zeichnen sich durch einen hohen Gehalt an Mineralstoffen und Vitaminen aus. Wild- und Kulturfrüchte werden bevorzugt als ergänzende Beigaben für viele Heilmittel verwendet.

In den **Samen** sind alle lebensnotwendigen Nähr- und Wirkstoffe der künftigen Pflanze in ausgewogener Zusammensetzung vorhanden. Samen sind deshalb vielfach hochwertige Nahrungs- und Heilmittel.

| Pflanzenteil | lateinische Bezeichnung/Abkürzung |
|---|---|
| ganzes Kraut | Herba/Herb. |
| Blatt, Blätter | Folium, Folia/Fol. |
| Blüte, Blüten | Flos, Flores/Flor. |
| Samen | Semen/Sem. |
| Frucht, Früchte | Fructus/Fruct. |
| Wurzel | Radix/Rad. |
| Wurzelstock | Rhizoma/Rhiz. |
| Zwiebel | Bulbus/Bulb. |
| Rinde | Cortex/Cort. |

Beispiele: Basilici herba = Kraut des Basilikums; Sambuci flos = Blüte des Holunders; Quercus cortex = Rinde der Eiche

**Ätherische Öle** sind leicht flüchtige, stark riechende, ölartige Substanzen, die sich in Öldrüsen, Ölschuppen oder Drüsenhaaren der Pflanzen bilden. Verflüchtigt durchdringen sie die Oberhaut von Blättern und Blüten und verbreiten den arttypischen Duft.
Bei den Würzkräutern unterscheiden wir schwefelhaltige, ätherische Öle, die den scharfen Geschmack von Rettichen, Meerrettich, Rüben und Kohlarten bewirken, und schwefelfreie, wie z. B. in Petersilie, Sellerie und Möhren. Die Wirkung der ätherischen Öle ist vielfältig je nach chemischer Zusammensetzung, z. B. anregend (Pfefferminze), beruhigend (Melisse, Baldrian), antibakteriell (Thymian), heilungsunterstützend bei Entzündungen (Kamille) und appetit- sowie verdauungsfördernd (Würzkräuter).

*Auch der Echte Lavendel ist reich an ätherischen Ölen.*

## Qualität von Kräutern

Die Qualität aller pflanzlichen Organismen, ihre arteigenen inneren Strukturen, wird durch die vielgestaltigen Wechselbeziehungen der Umwelt mitgeprägt. Wesentlich dabei sind die Einflußfaktoren von Klima und Boden sowie alle Stoff- und Energiekreisläufe.
Traditionell dienen zur Beurteilung der Qualität von Heil- und Lebensmitteln lediglich die festgestellten Anteile der allgemein analytisch erfaßbaren Inhaltsstoffe. Diese können nicht allein die innere Qualität von Heil- und Lebensmitteln, wie z. B. von Kräutern, erfassen. Verständlich wird deshalb, daß solche Darstellungen von Teilqualitäten allein unseren Ansprüchen nicht genügen können.
Für umfassende ökologische Qualitätsbewertungen pflanzlicher Heilmittel einschließlich ihrer Vitalaktivitäten sind dagegen ganzheitliche Betrachtungen erforderlich. Mit bildschaffenden Methoden, z. B. mit Hilfe der Rundbild-Chromatographie, kann die tatsächliche gegenwärtige innere Struktur durch Linien, Formen und Farben sichtbar gemacht werden. Diese Bilder, gewonnen aus wässrigen Extrakten, dargestellt auf mit silbernitratgetränktem Filter-

# Wissenswertes vorweg

Chromatogramme von Heilpflanzen (Echte Kamille, links, und Origano, rechts) zeigen ganzheitlich mit Farben, Formen und Linien die innere Qualität der Pflanzen.

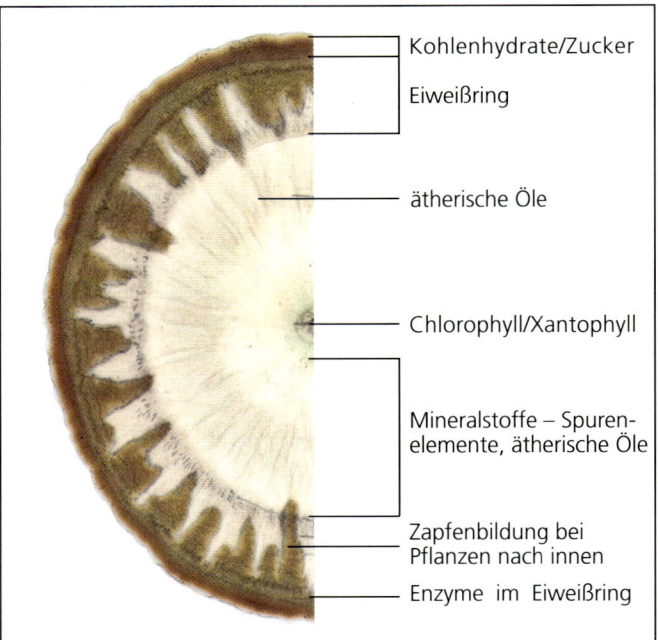

Chromatogramm von Kerbel (Interpretation nach U. Lübke):
Kohlenhydrate/Zucker – je intensiver der Rand desto mehr Mengen sind enthalten;
Eiweißring – Strukturen geben Hinweis auf Qualität und Alter, gleichmäßige Zapfen bedeuten gute Eiweißqualität;
Ätherische Öle – Linien oft nur schwach erkennbar;
Enzyme – Zeichnungen im Eiweißring.

papier, lassen sich reproduzieren. Die Interpretation der Chromabilder setzt allerdings größere Erfahrungen voraus und läßt sich durch Vergleiche mit bereits bekanntem Untersuchungsmaterial stützen.

Selbstverständlich kann man auch auf die Messung von Teilqualitäten, Analysen auf Inhaltsstoffe, pH-Wert u.a. für die endgültige Auswertung nicht verzichten. Im Gegenteil, für die Gesamtbeurteilung sind hier sogar Mindestanforderungen zu stellen. Es müssen zudem neben der Rohstoff-Produktion auch die Einflüsse der Bereiche Aufbereitung, Lagerung und Transport bis zum Konsum mit Berücksichtigung finden.

Auf der Grundlage der Zirkular-Chromatographie von Dr. Erwin Pfeiffer haben die Österreicher Uta und Siegfried Lübke aus Unterleinsbach das Verfahren der Rundbild-Chromatographie für die Qualitätsbeurteilung von Nahrungsmitteln systematisch weiterentwickelt. Die Methode hat den Vorzug, daß nach Anleitung ohne apparativen Aufwand selbst Qualitätstests durchgeführt werden können. Die Abbildungen auf Seite 14 zeigen Chromatogramme verschiedener Kräuterarten. Das Fließverhalten der verschiedenen Inhaltsstoffe ist mit den entsprechenden Angaben auf der Abbildung auf S. 14 unten dargestellt.

## Duftende Kräuter

Eigentlich duften alle Pflanzen, wenn auch viele Arten unmerklich duften, andere dagegen äußerst intensiv.
Die sehr komplexen Mischungen der Pflanzendüfte entstehen durch das Zusammenwirken von mehreren, zuweilen über 100 verschiedenen chemischen Substanzen. Sie sind allerdings so innig miteinander vermischt, daß allgemein ein einheitlicher Geruchseindruck, wie z. B. als Veilchen- oder Nelkenduft, entsteht.
Nach Art der Duftentfaltung werden Spontan- und Kontaktdufter unterschieden.
**Spontandufter** (Rosen, Duft-Veilchen usw.) duften z. B. mit dem Aufbrechen ihrer Knospen, zeitlich ist das Duftangebot, wie auch bei den Früchten, begrenzt. Solche Düfte sind also sinnvolle Einrichtungen der Natur, um Insekten für Bestäubungsvorgänge anzulocken oder um mit aromatischem Fruchtfleisch „Pflanzenfresser" zum Verspeisen zu animieren, wobei die mitverzehrten Samen auf natürliche Weise verbreitet werden.
**Kontaktdufter** (Rosmarin, Lavendel usw.) nennen wir alle Pflanzenarten, deren Aromastoffe erst bei Berühren bzw. Zerreiben wahrnehmbar werden. Das Duftangebot gilt hier für die ganze Lebensdauer der Pflanze. Diese besondere Ausstattung der Kontaktdufter dient offensichtlich auch hier

*Spontandufter sind die Blüten des Duft-Veilchens.*

der Arterhaltung als Abwehrmechanismus gegenüber Schädlingen und als Verständigungsmittel innerhalb von Lebensgemeinschaften. Damit lassen sich auch die Zusammenhänge günstiger Partnerschaften bei Mischkulturen (siehe S. 26) erklären.

Insgesamt sind Geruchs- und Geschmacksstoffe auch bedeutsam für das Verhalten von Mensch und Tier. So haben viele Tiere eine besondere Vorliebe für Duftstoffe. Für Katzen hat bekanntlich der Geruch des Baldrians ausgeprägte Anziehungskräfte.

Angenehme Düfte werden in vielen menschlichen Bereichen als „geheime Verführer" eingesetzt, um das Wohlbefinden zu steigern, Stimmungen zu beflügeln oder um beispielsweise Interesse und Kaufgelüste zu wecken.

## Heilkräuter und Selbstbehandlung

Behandlungen mit heilenden Kräuterarzneimitteln wirken oft nicht schlagartig, sondern kräftigen den Körper erst allmählich, und seine Funktionen normalisieren sich nach und nach. Dies wird verständlich, wenn man bedenkt, daß die meisten Krankheiten schließlich auch im Verlauf längerer Zeitabschnitte entstanden sind. Ökologische Pflanzenmedizin bedeutet aber auch größtmögliche Schonung der Körperorgane durch Einschränkung der gefürchteten Nebenwirkungen.

Bei Heilpflanzen unserer eigenen Kräutergärten handelt es sich zwar um milde Arzneimittel. Trotzdem bleiben auch hier Nebenwirkungen nicht ausgeschlossen. Deshalb sind die Anwendungshinweise stets sorgfältig zu beachten. Denn grundsätzlich gilt auch hier, daß jeder Stoff unseren Körper benachteiligen kann; es hängt von seiner Menge und Dosis ab, die dem Organismus zugeführt wird.

Zur Selbstmedikation bleibt festzustellen, daß es zwar richtig ist, bei harmlosen All-

*Rosmarin duftet, wenn man die Blätter berührt.*

tagsbeschwerden zunächst bewährte Hausmittel einzusetzen. Verschlimmert sich jedoch der Zustand oder ist er wiederkehrend, ist ärztliche Betreuung unerläßlich. Eigene Kräuterrezepte wollen und können weder Arzt noch Apotheker ersetzen. Sie sollten allerdings ärztliche Maßnahmen begleitend unterstützen dürfen, um z. B. bei langwierigen Beschwerden Linderung zu bringen.

> In den einzelnen KräuterPortraits (siehe ab S. 81) finden Sie auch Angaben zur Naturheilkunde.

## Fehler, die andere gemacht haben

### Pflanzenkauf

Beim Zukauf der Jungpflanzen wurde nicht

# Fehler, die andere gemacht haben

*Kräuterecke vor dem Haus*

## Standort

Es wurden „Kräuterecken" im hintersten Winkel des Gartens angelegt. Weil die Kräuter nicht im Blickwinkel standen und zu weit vom Haus entfernt angebaut wurden, kam es zur Vernachlässigung und zu fortgesetzten Mißerfolgen.
Abhilfe: In unmittelbarer Nähe zum Haus Kräuter anbauen.

## Fehlende Sonne

Kräuteranlagen unter Bäumen oder im Schatten von Gebäuden befriedigten nicht.
Abhilfe: Die meisten Kräuter benötigen sonnige Standorte.

## Bodenvorbereitung

Böden, besonders auf Baugrundstücken, waren nicht sorgfältig vorbereitet und deshalb zeigten verschiedene Kräuterarten Kümmerwuchs.
Abhilfe: Baugrundstücke erhalten zur Bodenbelebung vor der Anlage eines Kräutergartens eine Gründüngung.

## Zu dicht gepflanzt

Die Fläche des Kräutergartens war zu klein bemessen, und die Kräuter wurden deswegen zu eng gepflanzt, zu dicht gesät und später nicht rechtzeitig vereinzelt. Die Pflanzen wuchsen spindelig heran und waren allgemein anfälliger für Krankheiten und Schädlinge.

sorgfältig auf Echtheit der Sorten und Herkünfte geachtet. Deswegen kam es später bei der Ernte zu Enttäuschungen über Ertrag und Qualität.
Mit billigen, von Schädlingen oder Krankheiten befallenen Pflanzen wurden diese nicht selten in die Kräutergärten eingeschleppt.
Abhilfe: Schon beim Kauf der Kräuter auf Qualität achten. Für Reklamationen Lieferschein und Namens-Etiketten der Pflanzen aufbewahren.

Abhilfe: Auf die richtigen Abstände der Pflanzen achten. Diese sind im Portrait-Teil (ab S. 81) bei den einzelnen Kräutern genannt.

## Zu früh gesät

Einzelne Kräuterkulturen waren zu früh gesät.
Abhilfe: Basilikum, Majoran, Kapuzinerkresse, Dill, Portulak und andere Kräuter sind kälteempfindlich und sollten erst ab Mai in Kultur genommen werden.

## Pflanzung

Beim Pflanzen der Kräutergruppen wurde nicht auf die späteren Wuchshöhen geachtet und eventuelle Unverträglichkeiten bei direkter Nachbarschaft mißachtet.
Abhilfe: Wuchshöhen und Unverträglichkeiten beachten (siehe Kräuter-Portraits ab S. 81).

## Fruchtwechsel

Bei ein- und zweijährigen Kräuterkulturen hatte man in der mehrjährigen Rotation den Fruchtwechsel nicht genügend beachtet, ebenso bei mehrjährigen Arten beim Nachpflanzen. Dadurch entstanden nicht selten Wuchsdepressionen.
Abhilfe: Fruchtwechsel beachten.

## Düngen

Vor und während der Kultur hatte man zu reichlich, insbesondere mit Stickstoff, gedüngt. Die Pflanzen wuchsen zu mastig heran, waren krankheitsanfällig, zeigten geringeres Aroma sowie abgeschwächte Heil- und Würzeigenschaften.
Abhilfe: Organische Düngergaben, auf Mulchen beschränken!

## Bewässerung

Fehlende Zusatzbewässerung in extremen Trockenzeiten verminderten den Kräuterertrag. Auf tonreichen Böden traten nachteilige Verdichtungen auf.
Abhilfe: Durch sorgfältiges Mulchen hätten in vielen Fällen Mißerfolge vermieden werden können.

## Rückschnitt

Weil nicht jedes Frühjahr die mehrjährigen Kräuter zurückgeschnitten worden sind, kam es zu flattrigem Wuchs, Auseinanderbrechen und Umfallen der Pflanzen.
Abhilfe: Grober Rückschnitt im Herbst, um Wildwuchs vor dem Einwintern zu korrigieren (Aussehen!). Im Frühjahr Rückschnitt vertrockneter Triebe. Zudem auf artspezifische Bedürfnisse achten (siehe Pflanzen-Portraits ab S. 81).

## Kräuterernte

Das Ernten der Kräuter erfolgte zu ungünstigen Terminen und Tageszeiten und deshalb befriedigten Erträge und Güte der Drogen nicht.
Abhilfe: Hinweise für fachgerechtes Ernten und Aufbereiten finden Sie ab Seite 60.

# Kräutergarten-Praxis

# Kräutergarten-Praxis

## Planung

Vor der Neuanlage eines Kräutergartens ist es vorteilhaft, ein Rohkonzept zu entwickeln, das sich an der verfügbaren Fläche, dem Kräuterbedarf und eventuellen Sonderwünschen für die Gestaltung orientiert. Um am Anfang möglichst Enttäuschungen und Rückschläge zu vermeiden, hat es sich bewährt, bescheiden zu beginnen und erste Erfahrungen zu sammeln. Auf diese aufbauend kann man dann stufenweise das Konzept einer eigenen Kräuterei verwirklichen.

### Planungshilfen

❀ **Standorte** in voller Sonne sind die wichtigste Voraussetzung, damit die meist aus südlicheren Ländern stammenden Kräuter sicher gedeihen und ihre arttypischen Inhaltsstoffe bilden können.

Mauergeschützt, aber nicht sonnenarm waren die alten Kloster-Kräutergärten angelegt. Mauerumgebene und abgesenkte Kräuteranlagen, sogenannte Senkgärten (siehe auch Illustration auf S. 40 – 41), haben den Vorteil, daß die vielfältigen Düfte uns länger erhalten bleiben.

Praktische Küchen-Kräutergärten sollten möglichst in Hausnähe angelegt werden, vorausgesetzt, daß es sich auch hier um vollsonnige Standorte handelt. So kann man sich schnell die benötigten Kräuter holen. Um die Tageswärme länger zu speichern, eignen sich flach ausgelegte Steine zwischen den Kräutergruppen, die auch als Trittsteine bei Pflege- und Erntearbeiten dienlich sind.

❀ Genügend **Standraum** ist zu bemessen, damit sich die Kräuter artgerecht entwickeln können. Der Standraumbedarf für die einzelnen Kräuterarten ist im jeweiligen Portrait genannt (siehe S. 82). Damit jedoch eine Neuanlage anfangs nicht zu dürftig erscheint, kann zunächst enger gepflanzt werden, wenn tatsächlich später auch konsequent ausgedünnt, vereinzelt und freigestellt wird.

❀ Extreme **Boden**verhältnisse sind in jedem Fall ungünstig für Kräuterkulturen. Schwere, verdichtete und naßkalte Böden lassen sich mit Sand, Kompost oder Rindenhumus verbessern (siehe S. 23), leichteste Sandböden mit Lehm und Komposterde sowie permanenter Bedeckung mit organischen Mulchmaterialien. Zu nährstoffreiche Gartenböden werden am besten in den Folgejahren systematisch „abgemagert" durch Besanden und düngerlose Bewirtschaftung, damit die Kräuter nicht zu üppig und aromaschwach heranwachsen und auch sicherer überwintern.

Kräutergärten sollten am besten einen sonnigen Standort bekommen.

# Planung

*Befestigter Weg im Kräutergarten*

❁ Die **Wege** zum und im Kräutergarten sollten befestigt sein, damit man trockenen und sauberen Fußes bei jedem Wetter auch die Kräuter ernten kann. Trittwege und Trittsteine dienen ebenfalls diesem Zweck.

❁ Wichtig ist zudem die richtige **Materialverwendung**, damit unsere Kräutergärten nicht kitschig wirken. Für Wegebau, Umzäunung und Ausstattung wählen wir deshalb am besten nur landschaftstypische, bodenständige Materialien, wie z. B. Steine, auch Feldsteine, Holz, Ton, Keramik oder Schmiedeeisen und berücksichtigen die örtliche Handwerkskunst. Dabei können eigene Arbeiten der Volkskunst Gärten zusätzlich eine persönliche Note geben.

❁ Schmückend dagegen empfinden wir vor allem in ländlichen Gärten Süddeutschlands **Glaskugeln** auf Pfählen, die sogenannten Habichtskugeln. Licht, von der Sonne eingefangen und auf die Erde gespiegelt, sollte in früheren Zeiten Wachstum und Fruchtbarkeit fördern, aber auch Raubvögel und bösen Zauber abwehren.

❁ Zur Bereicherung des Gartenbildes kann auch eine phantasievolle Vogelscheuche und auf alle Fälle die dekorative Vogel- und Insektentränke beitragen.

❁ **Wasseranschluß** ist zweckmäßig. Die Kräuter sind zwar allgemein genügsam in ihren Wasseransprüchen, allerdings leidet bei längeren Trockenperioden, besonders auf durchlässigen Böden, die Pflanzenentwicklung. Ideal ist eine Versorgung mit gesammeltem Regenwasser. Verwendete Regenwassertonnen sind auch zum Ansetzen von Kräuterauszügen zweckmäßig zu nutzen.

❁ Auch eine **Gartenbank** gehört in den zünftigen Kräutergarten. Manchmal können wir hier die Kräuter schon vorputzen. Vielmehr soll die Bank aber einladen, öfter einmal im Kräutergarten zu verweilen, um die Vielgestalt und Düfte, aber auch das em-

*Schmückende Habichtskugel und Vogeltränke kombinieren sinnvoll Funktion und Zierwert.*

# Kräutergarten-Praxis

*Ein Kräutergarten muß nicht nur für die Küche angelegt werden, richtig gestaltet und z. B. mit einer Gartenbank versehen kann man sich hier nach Feierabend, am Wochenende oder einfach irgendwann erholen.*

Nur wenige sind einheimisch und winterfest, wie z. B. Beifuß, Großer Sauerampfer und Wermut. Andere wurden im Laufe der Jahrhunderte an unser rauheres Klima gewöhnt, wie z. B. Fenchel, Lavendel, Origano und Salbei. Diesen mehrjährigen Heil- und Würzpflanzen geben wir sicherheitshalber Winterschutz.

Die einjährigen Kräuter sind nur Sommergäste. Sie wachsen meist sehr schnell heran oder müssen geschützt vorkultiviert werden (siehe S. 27), wie beispielsweise Basilikum, Kapuzinerkresse oder Majoran.

sige Treiben der Vögel, Bienen, Hummeln und Schmetterlinge bewußt zu erleben und sich daran zu erfreuen.

## Standort

Langzeiterfolge im Kräutergarten werden vor allem durch die Wahl des richtigen Standortes erzielt. Alle unsere Küchenkräuter sind bekanntlich ausgesprochen sonnenhungrig. In voll besonnten Lagen können sie prachtvoll gedeihen, ihr volles Aroma und die arteigene Würzkraft entfalten.

Ausnahmsweise im Halbschatten gedeihen noch Gartenkresse, Kerbel, Kümmel, Liebstöckel, Meerrettich und Sauerampfer.

Entspricht dagegen der Boden am geeigneten Standort weniger den allgemeinen Ansprüchen, so können wir diesen – mehr oder weniger aufwendig – verbessern (siehe S. 23).

Schließlich ist auf die besonderen Standortwünsche und Wuchseigenschaften der einzelnen Kräuterarten Rücksicht zu nehmen.

## Boden

Weil Kräutergärten Daueranlagen sind, ist bei der Neuanlage der Boden so vorzubereiten, daß sich reiches Bodenleben ent-

*Dem Arzneifenchel geben wir am besten Winterschutz.*

# Boden

*Schwere Böden werden im Herbst mit dem Spaten grobschollig umgegraben.*

*Langjährig genutzte Gartenböden werden mit reifem Kompost angereichert.*

wickeln kann. Dies ist eine wichtige Voraussetzung für das langfristige Gedeihen der Kulturen.

Eine Bodenprobe, untersucht auf Nährstoffgehalte und pH-Werte, gibt Aufschluß über Phosphorsäure-, Kalium- und Magnesiumzustand und die Bodenreaktion. Die Untersuchungsinstitute (Adressen, siehe S. 152) vermitteln mit den Befunden auch allgemeine Empfehlungen für Düngungsmaßnahmen. Für den Kräutergarten interessieren die Hinweise für Kalkgaben und zur Vorratsdüngung mit organischen Düngemitteln.

Der pH-Wert für unsere Kräutergärten sollte je nach Bodenart (Sandboden – lehmiger Sand – Lehm) zwischen 5,5 und 6,5 liegen.

## Bodenvorbereitung

Die Zugaben zur Bodenverbesserung (Tabelle, siehe rechts) sind in die obere Bodenschicht mit der Gartenfräse, dem Kultivator oder Vierzahn einzuarbeiten.

| Boden | Bodenverbesserung |
|---|---|
| schwer, verdichtet, naßkalt | Zugabe von Sand, Kompost, Rindenhumus |
| sehr leicht | Zugabe von Lehm, Komposterde; ständige Bedeckung mit organischen Mulchmaterialien |
| zu nährstoffreich | „abmagern" durch Besanden und Verzicht auf Dünger |

Liegen die Bodenvorbereitungen in den Sommermonaten, haben wir noch genügend Zeit bis zum Herbst für eine bodenbelebende Gründüngungseinsaat. In jedem Falle ist es auch richtig, wenn bei Neuanlagen nach Wiesenumbruch oder aufgefüllten Flächen Gründüngungskulturen nachgeschaltet werden. Dies kann nach dem Einplanieren z. B. mit Senf, Ölrettich, Phazelia oder Lupinen geschehen.

# Kräutergarten-Praxis

*Individuelles Kräutergärtchen*

Bei bereits langjährig genutzten Gartenböden genügt etwa 30 cm tiefes Umgraben und Anreichern mit reifem Kompost, nachdem die Wege eingeteilt und befestigt worden sind.

> Einige Kräuter haben auch eine bodengesundende Wirkung. Dies sind Garten-Bohnenkraut, Boretsch, Dill, Kapuzinerkresse, Knoblauch, Koriander, Pfefferminze, Pimpinelle, Portulak sowie Schnitt-Knoblauch.

## Richtige Pflanzenauswahl

Bei der Kräuterauswahl ist entscheidend, welche Schwerpunkte der Verwendung erwünscht sind, nämlich ob Tee- oder Würzkräuter überwiegen oder ein Duftgarten entstehen soll. Richtig ist, wenn Anfänger mit bekannten Kräutern wie Pfefferminze, Zitronenmelisse, Dill, Schnittlauch, Petersilie und Knoblauch beginnen und Erfahrungen sammeln.

In den Folgejahren kann unser Kräutergarten sogar auf 40 bis 50 nützliche, auch seltenere Arten anwachsen.

Weil die meisten mehrjährigen Kräuter sich miteinander vertragen, können wir die Gruppen nach dem Größenwachstum (Größenangaben bei den Kräuter-Portraits, siehe S. 82) zusammenstellen. Besondere Unverträglichkeiten sind in den einzelnen Portraits erwähnt.

## Pflanzenbeschaffung

Alle ein- und zweijährigen Kräuterarten sind durch Aussaat (siehe S. 27) einfach zu vermehren. Das Samenangebot, auch von selteneren Kräutern, hat im Fachhandel in den letzten Jahren erfreulich zugenommen.

Auch viele mehrjährige Kräuterarten kann selbst der Laie durch Samen vermehren. Dies geschieht durch geschützte Vorkulturen (siehe S. 27) oder bei robusteren Kräutern auch mit Direktsaaten im Freiland (siehe S. 28). Weil im allgemeinen hier jedoch nur Einzelpflanzen benötigt werden, lohnt meist der Aufwand der eigenen Jungpflanzenanzucht nicht. Zudem bieten Gärtnereien, Gartencenter und Wochenmärkte im

> **Beim Kauf beachten:**
> ❀ Jungpflanzen sollen gesund und wüchsig sein; auch auf gesunde Wurzeln achten.
> ❀ Am besten gut durchwurzelte Jungpflanzen in Töpfen kaufen.
> ❀ Auf Sorten und Herkünfte achten! Z. B. beim Estragon Deutschen oder Französischen Estragon verlangen, nicht den geringwertigen Russischen. Bei Majoran, Bohnenkraut, Basilikum, Schnittlauch, Gartenkresse u.a. gibt es bereits leistungsfähige Kultursorten.
> ❀ Vom Verkäufer Sortenechtheit bestätigen lassen.

# Neuanlage

Frühjahr und Herbst staudenartige Kräuter in reicher Auswahl an.

Für seltenere Arten bleiben der Kräuteraustausch unter Kräuterfreunden, die Pflanzenbörsen der Fachzeitschriften, Postlieferungen von Spezialfirmen (Bezugsquellen, siehe S. 152) und eventuell auf Anfrage die Abgabe von Einzelexemplaren der Botanischen Gärten.

## Neuanlage eines Kräutergartens

Nachdem der Boden vorbereitet wurde (siehe S. 23), kann mit der Anlage des Kräutergartens begonnen werden.

Mehrjährige Kräuter können bereits im zeitigen Herbst gepflanzt werden, damit sie noch vor Winterbeginn einwachsen (Pflanzung, siehe S. 29). Nach Herbstpflanzungen ist es empfehlenswert, die Pflanzen mit Wintereintritt sorgfältig abzudecken, z. B. mit Reisig oder einer kräftigen schützenden, ca. 10 – 15 cm starken Schicht aus grobem organischem Mulchmaterial.

Meist wird die Neuanlage der Kräutergärten jedoch im Frühjahr vorgenommen, weil dann gleichzeitig die ein- und zweijährigen Arten ausgesät werden können (Direktsaat ins Freiland, siehe S. 28). Mit der Pflanzarbeit erfolgt auch das Verlegen der Trittplatten auf den größeren Beeten.

### Plazierung der Kräuter

Bei Randbeeten müssen generell hochwachsende Arten ganz hinten, bei Mittelbeeten zur Mitte hin plaziert werden, während die mittelhohen und niedrigen Kräuter davor einzuordnen sind. Falls sich in den Folgejahren tatsächlich einmal Minderwuchs durch ungünstige Nachbarschaften zeigen sollte, kann dies durch Umpflanzen der jeweils beeinträchtigten Kräuter an ei-

*Ringelblumen blühen zwischen Porree auf gemulchtem Beet.*

*Krausblättrige Petersilie als Umrandung eines Kräuterbeetes*

# Kräutergarten-Praxis

nen anderen Standort korrigiert werden.
Bei ein- und zweijährigen Kräutern ist für einen sicheren Kulturerfolg regelmäßige Neuaussaat mit Standortwechsel erforderlich. Deswegen eignen sich hierfür gesonderte Beete oder im Kräutergarten geschickt integrierte Wechselflächen.

## Mischkultur

Heil- und Würzkräuter sind bevorzugte Partner für Mischkulturen im Nutzgarten, weil sie vielfältig fördernd auf Wachstum sowie Boden- und Pflanzengesundheit wirken. Häufig er-

*Mischkultur mit Heilkräutern und Tagetes (hinten, mit orangefarbenen Blüten) zur Bodengesundung*

**Würzkräuter in Mischkulturen haben vielfältige fördernde Wirkungen:**

| Pflanze | Bekannte fördernde Wirkung; gute Nachbarschaften |
|---|---|
| Basilikum | Gurken, Kohlrabi, Schwarzwurzeln, Tomaten, Zwiebelarten |
| Bohnenkraut | Buschbohnen, Zwiebelarten; Abwehr gegen Bohnenlaus |
| Boretsch | Erdbeeren, Gurken, Kohl, Zucchini; Abwehr gegen Kohlschädlinge |
| Dill | Gurken, Kohlarten, Möhren, Rote Beten, Salat |
| Gartenkresse | Radieschen, Rettich, Salat |
| Kapuzinerkresse | Kartoffeln, Radieschen, Rettich, Tomaten, Zucchini |
| Kerbel | Radieschen, Salat; soll Schnecken abwehren |
| Knoblauch | Gurken, Möhren, Rote Beten, Salat, Spargel, Tomaten |
| Koriander | Erdbeeren, Frühkartoffeln, Gurken, Kohlarten, Rote Beten |
| Lauch | Kohlarten, Möhren, Salat, Sellerie, Tomaten, Zwiebeln |
| Lavendel | soll bei Gemüse Blattläuse abwehren |
| Majoran | Möhren |
| Petersilie | Kartoffeln, Kohl, Rettich |
| Rosmarin | Möhren |
| Salbei | allgemein günstig; soll Blattläuse und Schadraupen abwehren |
| Schnittlauch | Kohlarten, Möhren |
| Senf | für die meisten Gemüsearten, sofern Garten nicht durch Kohlhernie gefährdet ist |
| Thymian | allgemein günstig; wirkt Raupen und Blattläusen entgegen |
| Ysop | allgemein günstig; soll Schadraupen abwehren |
| Zwiebel | Bohnen, Bohnenkraut, Dill, Erbsen, Gurken, Möhren, Salat, Spargel |

wähnt, aber dennoch wenig erforscht, sind die beobachteten günstigen Einflüsse aromatischer Kräuter auf die Qualität und den Geschmack benachbarter Nahrungspflanzen. So verbessert sich das Aroma von Erbsen, Rote Beten und Zwiebeln durch Dill, während Bohnenkraut den Geschmack von Knollenfenchel und Kopfsalat, Petersilie von Tomaten, Gartenkresse von Radieschen sowie Koriander, Kümmel und Pfefferminze von Kartoffeln verfeinert.

Einjährige Kräuter passen sich ohne Probleme der Rotation im Gemüsegarten an, und verschiedene mehrjährige Arten sind im „alternativen" Ziergarten unentbehrlich geworden. So zeigen beispielsweise Lavendel, Salbei, Ysop und Thymian nicht nur vorteilhafte Partnerschaften in Rosen- und Staudenbeeten, sondern bereichern zudem noch den Zierwert.

Bei den Beschreibungen der einzelnen Kräuter (Portrait-Teil ab S. 81) wird auf günstige und ungünstige Partnerschaften hingewiesen.

## Jungpflanzen aus Vorkulturen

Mit einer geschützten Jungpflanzen-Vorkultur beginnt das Kräuterjahr bereits um einige Wochen früher. Meist erfolgt die Kräuter-Vorkultur als **Aussaat** in flachen Kisten oder Saatschalen. Dazu wird das Gefäß mit sandiger, humoser, gesiebter Erde beinahe randvoll gefüllt. Diese Erde wird glatt angedrückt, dünn besät und mit feinem Substrat oder Sand übersiebt. Nur die Samen der Lichtkeimer werden nicht bedeckt. Anschließend wird sorgfältig angebraust und die Aussaat mit Papier oder Folie bis zum Auskeimen geschützt.

Sobald die Pflänzchen sich heranbilden, gewöhnen wir sie langsam durch zunehmendes Lüften an das Raumklima und pikieren dann, wenn die Sämlinge die ersten Laubblättchen ausgebildet haben.

Etwa drei bis fünf Wochen später können wir die Jungpflanzen auch noch eintopfen, ehe sie gut durchwurzelt ihren endgültigen Platz im Garten erhalten. Bevor die Pflanzen jedoch ins Freiland kommen, müssen sie abgehärtet, d.h. langsam an das neue Klima gewöhnt werden.

Zu beachten ist in jedem Fall, daß bestimmte Pflanzenarten, wie z. B. Paprika, Kapuzinerkresse, Basilikum und Portulak, keinen Frost vertragen und erst nach Mitte bis Ende Mai im Freiland ausgepflanzt werden dürfen.

Wenn weder Gewächshaus noch Wintergarten für die Vorkultur zur Verfügung stehen, empfiehlt sich das Mini-Gewächshaus

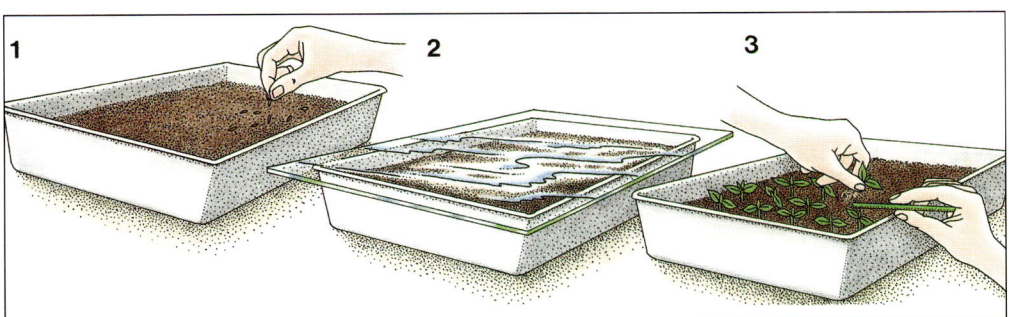

*Vorkultur: Gesiebte Erde wird dünn besät (1), mit Sand bedeckt und vorsichtig überbraust. Anschließend die Aussaat mit Glas abdecken (2). Wenn sich die ersten Laubblättchen gebildet haben, vereinzeln oder pikieren (3).*

# Kräutergarten-Praxis

*Aufzucht von Jungpflanzen: hinten in Mini-Gewächshäusern, vorne Saatschale mit Folie, die nach dem Austreiben der Pflanzen zurückgenommen wird*

*Kräuteranzucht in Jiffy 7*

*Auslegen eines Saatbandes*

für die Anzucht auf dem Fensterbrett. Es ist gleichermaßen für Aussaaten und für die Stecklingsvermehrung geeignet. Man bevorzugt dazu Preßtöpfe (Jiffy 7), die in Wasser aufquellen und nach wenigen Minuten verwendungsfähig sind. Die glasklare Kunststoffhaube des Mini-Gewächshauses ist lüftbar und ermöglicht das notwendige Abhärten der Sämlinge vor der Pflanzung.

## Direktsaat ins Freiland

Zur direkten Aussaat ins freie Land eignen sich vor allem ein- und zweijährige Kräuterarten. Empfohlen wird in der Regel die Aussaat in Reihen (Reihensaat), damit die folgenden Pflegearbeiten leicht und möglichst früh nach dem Auflaufen der Saat durchgeführt werden können. Auch wird die spätere Pflege durch Hacken und Unkrautjäten erleichtert.

Beim Aussäen gilt die Regel, daß wir den Samen nur mit dem Zwei- bis Dreifachen seiner Dicke mit Boden, besser noch mit Sand, bedecken dürfen. Lichtkeimer sät man vorteilhaft auch in Rillen, bedeckt den Samen aber nicht, und gießt anschließend nur das Beet vorsichtig mit einer feinen Brause an. Im Portrait-Teil (ab S. 81) wird bei den betreffenden Kräutern auf diese Behandlung der Lichtkeimer hingewiesen.

Für verschiedene Kräuterarten gibt es im Samenhandel hochkeimfähiges Pillensaatgut. Auch Saatbänder und Saatteppiche mit verschiedenen Kräuterkombinationen sollen die Aussaat erleichtern und erfolgssicherer gestalten.

Um die direkt gesäten Kräuterkulturen zu verfrühen (siehe auch S. 34), damit also

# Pflanzung

Direktsaat im Freiland:
1. Die Anbaufläche muß sorgfältig vorbereitet werden, z. B. wird schwerer Boden im Herbst grobschollig umgegraben.
2. Im Frühjahr wird die Oberfläche mit dem Kultivator gelockert ...
3. ... und unmittelbar vor der Aussaat mit einer Harke gekrümelt (max. 3 cm tief).

4. Saatrillen werden entlang einer Schnur für die Reihensaat gezogen.
5. Einzelne Samenkörner legt man in ausreichendem Abstand in die Saatrille.
6. Erde wird mit dem Rücken der Harke dünn über die Saat geschoben und festgedrückt.
7. Zum Schluß mit feinem Sprühstrahl wässern.

möglichst bald frisches Grün geerntet werden kann, legen wir gelochte Folie oder Vliese über unsere Kräuterbeete. Dadurch erwärmt sich der Boden schneller und beschleunigt die Keimung. Nach den Eisheiligen wird die Abdeckung entfernt und zusammengefaltet im Dunkeln aufbewahrt.

Vorsicht! Unter den Folien und Vliesen können Nacktschnecken die jung sprießende Saat vollständig vernichten. Deshalb: Wiederholte Kontrolle, bei Bedarf Schneckenfallen aufstellen oder unbedenkliche Bekämpfungsmittel zu streuen.

## Pflanzung

Zum Pflanzen der Kräuter auf sorgfältig vorbereiteten Boden (siehe S. 23) ist zunächst auf die erforderlichen Pflanzabstände zu achten. Diese sind bei den einzelnen Kräutern im Portrait-Teil (siehe ab. S 81) genannt. Getopfte Jungpflanzen vieler Kräuterarten, wie z. B. Paprika, Rosmarin, Thymian, Minze, Lavendel und Estragon, dürfen etwas tiefer gepflanzt werden als ihr bisheriger Stand im Anzuchttopf. Sie können an den oberirdischen Stengelteilen zusätzliche Wurzeln (Adventivwurzeln) bilden.

# Kräutergarten-Praxis

*Jungpflanzen auf dem Wochenmarkt*

Damit das Einwurzeln sicherer geschieht, wird beim Pflanzen der Wurzelballen mit beiden Händen kräftig angedrückt und anschließend angegossen. Dadurch bekommen die Wurzeln rasch Bodenschluß, und der Pflanzschock wird schneller überwunden.

Die mehrjährigen Kräuterarten pflanzt man rechtzeitig im Herbst auf vorbereitete Beete (Winterschutz!), Jungpflanzen aus geschützter Vorkultur mit möglichst gut durchwachsenem Wurzelballen ab April, kälteempfindliche Arten nach den Eisheiligen.

## Pflege

### Im Frühjahr

Die Pflege der Kräuterkulturen beginnt im Frühjahr mit dem Abräumen des Reisigschutzes und der Wintermulchdecke, damit sich der Boden schneller erwärmen kann. Sind die Bestände inzwischen zu dicht geworden, können wir gleichzeitig verpflanzen, teilen und dabei den Boden verbessern (siehe S. 24).

Beim Frühjahrsputz im Kräutergarten erfolgt auch der Rückschnitt unserer mehrjährigen Pflanzen. Bei Stauden entfernt man dabei alle abgestorbenen oberirdischen Triebteile, und bei Halbsträuchern wird bis in die gesunden, grünen Verzweigungen zurückgeschnitten.

Die weiteren Pflegearbeiten wie Hacken und Unkrautjäten können sich weitgehend

*Schnittlauch blüht ab Juni rötlichlila.*

erübrigen, wenn wir ab Ende April den Kräutergarten fachgerecht mulchen.

### Mulchen

Zum Mulchen sind organische Materialien wie Rindenhumus, angerottetes Häckselstroh oder Rohkompost geeignet. Man rauht den Oberboden vorher an und gibt ab Ende April den Sommer über, wenn erforderlich mit mehreren Wiederholungen, eine 2 – 4 cm starke und zum Winter eine 8 – 10 cm dicke Mulchdecke. Dieser Bodenpelz sorgt für einen ausgeglichenen Temperatur- und Wasserhaushalt des Bodens, fördert die Aktivität der Bodenorganismen und gewährleistet eine langsamfließende, dem Bedarf angepaßte Nährstoffzufuhr. Im Frühjahr entfernt man die Wintermulchdecke.

### Düngung und Gießen

Ist der Boden nach dem Untersuchungsbefund (siehe S. 152) hinreichend mit den Hauptnährstoffen versorgt und in einem guten Kulturzustand, können wir im Kräutergarten auf mineralische Düngung weit-

# Pflanzenschutz

*Im Küchen-Kräutergarten genügt eine jährliche Kompostgabe zur Düngung.*

gehend verzichten. Schon geringe Überdosierungen von Stickstoff regen zu stärkerem unerwünschten Triebwachstum an, gleichzeitig werden weniger Wirkstoffe gebildet. Im allgemeinen genügt für die Nährstoffversorgung jährlich vor Kulturbeginn eine kräftige Gabe Kompost oder verrotteter, vererdeter Stallmist (Schichtdicke etwa 2 cm). Läßt in älteren Anlagen die Triebigkeit allgemein stark nach, empfehlen wir Düngergaben mit Hornspänen, Blutmehl oder rein organischen Mischdüngern (Oscorna animal). Schnell wirksam sind flüssige Kopfdünger aus Brühe-Ansätzen mit z. B. Kräutern.

Für die flüssige Düngung im Kräutergarten hat sich im besonderen selbst zubereitetes Kompostwasser oder -tee bewährt (eine Schaufel reifer Kompost auf 10 Liter Wasser, vor dem Verteilen intensiv durchrühren). Die Pflanzenernährung ist auch von ausreichender Wasserversorgung abhängig.

## Pflanzenschutz

Im allgemeinen sind keine chemischen Behandlungen erforderlich. Unsere Kräuter haben weitgehend noch Wildcharakter und sind widerstandsfähig gegen Krankheiten und Schädlinge. Diese natürliche Eigenschaft gilt es durch geeignete Kulturmaßnahmen zu unterstützen. Das beginnt bereits bei der richtigen Standortwahl (siehe im Portrait-Teil ab S. 81), ausreichender Entwicklungsfläche und artverträglicher Zuordnung im Pflanzenverbund.

Im übrigen bestimmen im Kräutergarten die biotechnischen Maßnahmen den Pflanzenschutz. Zeigen Minze, Pimpinelle oder Melisse beispielsweise Rost- oder Mehltaubefall, wird ganz stark zurückgeschnitten, damit der Neutrieb wieder gesund erfolgen kann. Zur Abwehr von schädlichen Insekten, wie z. B. Kohlweißling, Gemüsefliegen oder auch teilweise Blattläusen, helfen uns Kulturschutznetze. Schnecken und Raupen werden abgesammelt, und zum Abfangen ungebetener Nacktschnecken und Wühlmäuse können wir Fallen aufstellen.

Natürlich lassen sich Schädlinge und Krankheiten auch mit für Mensch und Haustier unbedenklichen sowie nützlingsschonenden Mitteln wie im alternativen Kräuteranbau bekämpfen: z. B. wirken Schachtelhalmtee gegen Pilzerkrankungen, Brenneseltee gegen Blattläuse und Wermuttee gegen Erdflöhe (Rezepte, siehe S. 32). Die direkte abtötende Wirkung dieser milden, pflanzlichen Mittel ist zwar vergleichsweise gering, dagegen werden die Widerstandskräfte der Kulturpflanzen gestärkt. Weder nachteilige Rückstände noch Nebenwirkungen sind zu befürchten.

Im naturnahen Kräutergarten haben die Nützlinge als natürliche Feinde der Schäd-

*Ein Kulturschutznetz schützt Schnittlauch vor Schädlingen.*

*Marienkäfer (und auch deren Larven) sind eifrige Blattlausvertilger.*

linge beste Lebensbedingungen. Marienkäfer, Florfliegen und deren Larven, parasitisch lebende Schlupfwespen, Schwebfliegen und auch Ohrwürmer vernichten Blattläuse, Raubmilben und Raubwanzen dezimieren Spinnmilben. Um diese nützlichen Insekten im Garten zu halten, sollte er u.a. eine große Pflanzenvielfalt enthalten. Schlupfwespen z. B., die ihre Eier in Schadraupen legen, leben von Blütennahrung unserer Doldengewächse im Kräutergarten, nämlich von blühendem Baldrian, Koriander, Kümmel, Dill, Fenchel und Bärwurz.

> Kräuter als Futterpflanzen für Nützlinge und seltene Insekten: Beifuß, Boretsch, Dill, Dost (Origano), Eberraute, Echte Engelwurz, Estragon, Arzneifenchel, Gartenkerbel, Koriander, Kümmel, Lavendel, Majoran, Meerrettich, Petersilie, Pfefferminze, Rosmarin, Gartensalbei, Weißer Senf, Thymian, Tripmadam und Zitronenmelisse.

## Jauchen und Brühen

Eigentlich gehört in jeden Kräutergarten eine Kräutertonne, um Kräuterreste zu sammeln. Damit stellen wir Kräuterauszüge für den Pflanzenschutz her.

*Herstellung von Brennesseljauche: 1. Frisches Kraut locker in einen Kunststoffbehälter geben und diesen mit Wasser füllen.*

### Kräuterauszug

In der Regel werden zur Herstellung eines Kräuterauszuges 1 kg Grünmasse, z. B. von Brennesseln, handlang geschnitten und in 10 Liter kaltem Wasser, am besten Regenwasser, angesetzt. Nach zwölf bis 24 Stunden, spätestens aber nach drei Tagen, ist der Brennesselauszug spritzfertig und kann unverdünnt, beispielsweise zur Bekämpfung von Blattläusen, eingesetzt werden (Tabelle, siehe S. 34).

### Kräuterjauche

Gären die Kräuterauszüge – bei warmem Wetter beginnen die Gärungsprozesse schon nach wenigen Tagen und sind je nach Temperatur nach eineinhalb bis fünf Wochen beendet –, gewinnen wir Kräuterjauchen zur Düngung und natürlichen Pflanzenstärkung. In der Herstellungszeit ist öfteres Umrühren notwendig, zum Binden des Jauchegeruchs kann vor jedem Um-

# Jauchen und Brühen

2. Durch mehrere Handvoll Steinmehl läßt sich der Geruch mildern. Täglich die Jauche umrühren. Gefäß unbedingt abdecken.

3. Nach etwa zehn Tagen ist die Jauche fertig und wird vor Gebrauch mit Wasser 1:10 verdünnt.

rühren eine Handvoll Steinmehl zugesetzt werden.
Vor Gebrauch sind die Kräuterjauchen im Verhältnis 1 : 10 mit Wasser zu verdünnen.

## Kräutertee

Kräutertee zur Pflanzenstärkung wird durch Überbrühen von frischen Kräutern, wie z. B. von Beinwell, Löwenzahn, Kamille, Schachtelhalm oder Wermut, mit Wasser gewonnen.
Zum gleichen Zweck können wir auch die Rückstände unserer Trink-Kräutertees nach dem Aufbrühen noch einmal mit warmem Wasser ansetzen und nach einigen Stunden zum Gießen der Zimmer-Kräuterkulturen verwenden.

## Kräuterbrühe

Kräuterbrühen gegen verschiedene Pflanzenkrankheiten, wie z. B. Mehltau und Rost, entstehen ebenfalls aus frischen oder getrockneten Nutz- oder Wildkräutern. Diese werden 24 Stunden lang in Wasser angesetzt, danach 20 Minuten lang auf kleiner Flamme gekocht und zugedeckt abgekühlt. Zur Anwendung werden sie gesiebt. Bekannte Kräuterbrühen sind Schachtelhalm- und Rainfarnabsude, angesetzt mit 10 Liter Wasser für 300 – 500 g frische Pflanzenmasse.

Aus Acker-Schachtelhalm kann Tee zur Pflanzenkräftigung hergestellt werden.

# Kräutergarten-Praxis

| Kräuterart | Anwendung | gegen Krankheit/Schädling |
|---|---|---|
| Acker-Schachtelhalm | Kräutertee | Pilzkrankheiten wie Echter Mehltau, Falscher Mehltau, Rostkrankheiten, Grauschimmel, Blattflecken bei Sellerie, versuchsweise bei Kohlhernie |
| Wermut (evtl. gemischt mit Tomatenblättern) | Brühe/Tee | Erdflöhe und Kohlweißling, vorbeugend gegen Pilzkrankheiten |
| Rainfarn (evtl. gemischt mit Schachtelhalm und Wermut) | Tee | Erdflöhe und Schädlinge von Beerenobst, auch Rote Spinne (Spinnmilbe) |
| Brennessel | Kaltauszug | Blattläuse |
| Rhabarberblätter | Tee | Lauchmotte, Schwarze Bohnenlaus |
| Tomatenblätter | Kaltauszug | Kohlweißling |
| Farnkräuter (Wurm-/Adlerfarn) | Extrakt (1 kg frisches oder 100 g getrocknetes Kraut in 10 Ltr. Wasser ansetzen) | – Unverdünnt einpinseln gegen Blutläuse; – Winterspritzung gegen Schild- und Schmierläuse; – 10fach verdünnt gegen Blattläuse und Nacktschnecken |
| Fichtennadeln | trocken | Streifenschutz gegen Schnecken |
| Knoblauch | Tee | Unverdünnt gegen verschiedene Insekten |
| Starkduftende Kräuter (gemischt), wie Dill, Lavendel, Rainfarn, Knoblauch, Thymian u.a. | Brühe/Tee | Gemüsefliegen, Ameisen |

## Kräuter für den biologischen Pflanzenschutz

Die Hinweise in obenstehender Tabelle sind allgemeine Erfahrungswerte der Gartenpraxis und in ihrer direkten bekämpfenden Wirkung nicht unumstritten. Mit Sicherheit jedoch können wir pflanzenstärkende und indirekt abwehrende Effekte durch solche Behandlungen erwarten. In jedem Falle ist es sinnvoll durch eigene Anwendungen und sorgfältige Beobachtungen die aufgezeigten Empfehlungen fortzuentwickeln.

**Vorsicht:** Nicht abgedeckte Behälter mit Kräuterjauchen sind Gefahrenquellen für spielende Kinder und Nutztiere.

Kräuterreste, auch nach der Vergärung, können zum Mulchen eingesetzt werden oder als fördernde Beigaben zur eigenen Kompostierung.

## Das Kräuterjahr verlängern

Mit Folien und Vliesen haben wir Möglichkeiten, die Kräutersaison auszuweiten. Bei milder Witterung kann bereits ab Februar durch Überbauen mit niederen Folientunneln, gelochten Flachfolien oder Vliesen die Kulturverfrühung beginnen. Wichtig ist dabei, daß die isolierende Wintermulchdecke

*Vlies zur Kulturverfrühung, hier über Gemüse*

vorher weggeräumt wird, damit sich der Boden leichter erwärmt.
Sind Frühbeetfenster verfügbar, kann mit einem dazu passenden Holzrahmen eine mobile Überbauung als sogenannter Wanderkasten erfolgen. Zur Kulturverfrühung der Saatkulturen, beispielsweise Dill, Weißer Senf, Kerbel und Kresse-Arten, bietet sich einfaches beetweises Überbauen an. Sobald sich der Boden auf mehr als 6 °C erwärmt, beginnt der Austrieb der meisten Kräuterarten, insbesondere von Sauerampfer, Schnittlauch und Winterheckzwiebeln, Petersilie und Minze-Arten.
Die Kräutersaison können wir selbstverständlich mit gleichen Hilfsmitteln im Spätherbst – nicht selten bis zu stärkeren Frösten im Dezember – mit Erfolg verlängern.

## Überwinterung

Verschiedene beliebte Kräuterarten sind nicht oder nur bedingt winterhart, wie z. B. Rosmarin, Lorbeerbaum und Zitronenstrauch. Sie müssen deshalb noch vor den ersten Frösten aus dem Boden genommen, eingetopft und in hellen, frostfreien Räumen, beispielsweise in Fluren, Treppenaufgängen oder am besten in einem Wintergarten, Schutz finden.
Während der winterlichen Ruhezeit sind die Lebensvorgänge stark eingeschränkt. Deshalb brauchen wir während der Überwinterung nicht düngen und nur sparsam gießen.

## Vermehrung

### Aussaat

Die Aussaat ist eine Vermehrungsart, die hauptsächlich bei Ein- und Zweijährigen praktiziert wird (siehe S. 27).

### Stecklinge

Sie erfolgt nur von ausgesuchten, qualitativ hochwertigen Mutterpflanzen. Dazu schneiden wir mit einem scharfen Messer unterhalb eines Blattknotens etwa 5 cm lange Kopf- oder Zwischenstecklinge (Abbildung, siehe S. 36), lassen deren Schnittflächen kurz antrocknen und stecken sie in ein Gefäß mit sandiger Erde.
Am besten gelingt die Vermehrung durch Stecklinge unter Folie. Mit kleinen Drahtbügeln, über Kreuz angeordnet, entsteht die Unterkonstruktion für unser Minifolienzelt. Auf diese einfache Weise können wir mehrjährige Kräuter, wie z. B. Berg-Bohnenkraut, Rosmarin, Eberraute, Lavendel, Estragon, Thymian, Melisse und Minze-Arten, mit bestem Erfolg vermehren.

### Teilung

Das Teilen älterer, mehrtriebiger Wurzelstöcke, beispielsweise von Beinwell und Sauerampfer, ist das einfachste und sicherste Vermehrungsverfahren und immer dann zu bevorzugen, wenn wir nur wenige Einzelpflanzen benötigen. Dazu werden die Wurzelballen im Frühjahr aus dem Boden

Rosmarin muß in hellen, frostfreien Räumen überwintern.

# Kräutergarten-Praxis

genommen und mit einem Spaten oder großen Messer halbiert oder geviertelt.
Das Teilen der mehrjährigen Kräuter verbinden wir zweckmäßig mit einem Standortwechsel, um eventueller Bodenmüdigkeit vorzubeugen.

## Wurzelausläufer

Die Vermehrung mit Wurzelausläufern, z. B. bei Minze-Arten, erfolgt mit etwa 5 cm langen Stolonen-Teilstücken, die bereits Austriebe gebildet haben, zumindest aber genügend Austriebsknospen besitzen. Sol-

◄ *Stecklingsvermehrung (siehe S. 35): Der Steckling wird mit einem scharfen Messer unterhalb eines Blattknotens abgeschnitten und in sandige Erde gesteckt. Ein Minifolienzelt entsteht mit Hilfe kleiner Drahtbügel, die in die Erde gesteckt werden, und Folie.*

Ältere, mehrtriebige Wurzelstöcke, wie z. B. von Beinwell oder Gartensauerampfer, werden ganz einfach mit einem Spaten geteilt.

Minze-Arten bilden lange Wurzelausläufer. Man teilt einzelne Stücke ab, die mindestens eine Austriebsknospe enthalten.

# Gestaltung

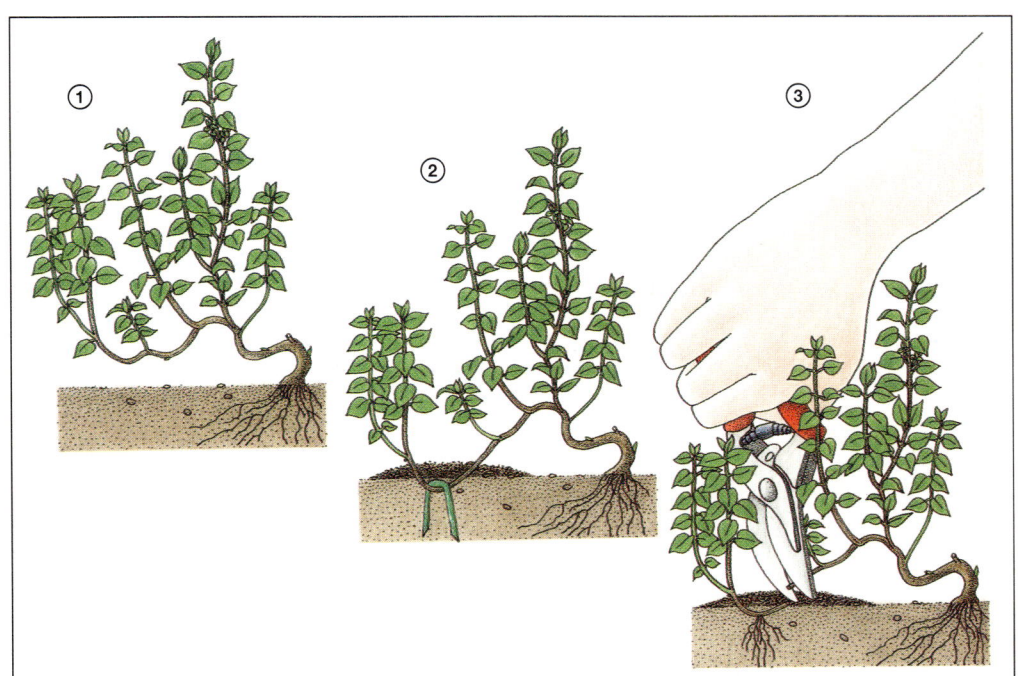

*Absenker: Ein geeigneter Thymiantrieb (1) wird an den Boden gedrückt und mit einem Draht befestigt (2). Haben sich Wurzeln gebildet, schneidet man die Jungpflanze ab (3).*

che Vermehrungen können wir direkt im Freiland vornehmen oder auch in Kisten, wie es bei Stecklingen üblich ist.

## Absenker

Auch das sogenannte Absenken kann zur Vermehrung mehrjähriger Kräuter dienen, z. B. bei Thymian-Arten. Ausladende Seitentriebe werden dazu in den Boden gedrückt und mit einem Drahtbügel dort bis zum Anwurzeln festgehalten. Danach wird die Jungpflanze abgetrennt und gesondert weiterkultiviert.

## Gestaltung

Heil-, Gewürz- und Duftpflanzen lassen sich zwar in jedem Garten zwischen Gemüse und Zierpflanzen verteilt unterbringen, eine besondere Atmosphäre geht jedoch von einem in sich abgeschlossenen, eigenständigen Kräutergarten aus.

Zünftige Kräutergärten sind also eigene Gartenbereiche oder Gärtchen, eingefügt an bevorzugten Standorten im Garten und nicht in deren hinterster kärglicher Ecke. Wenn wir solche Kräutergärten mit Freude und eigenen Ideen anlegen, werden sie sicher schon bald zum begehrten Mittelpunkt in unserem grünen Umfeld, gleich, ob wir nach architektonisch strengen Formen oder zwanglos naturnah gestalten.

Die nachfolgenden Gestaltungsvorschläge

> „Selbst wenn in meinem großen Garten die anderen Pflanzen in voller Blüte stehen, stelle ich immer wieder fest, daß meine Gäste am Kräutergarten stehen bleiben. Sie streichen mit der Hand über die eine Pflanze, fassen zärtlich die andere an und atmen den würzigen Duft der Blätter ..."

# Kräutergarten-Praxis

*Rundes Kräuterbeet mit Glaskugel*

und Gartenbeispiele können auch in Einzelteilen übernommen und nach eigenem Ermessen und den vorgegebenen Standortbesonderheiten abgewandelt werden.

## Streng symmetrische Kräutergärten

Streng gegliederte Gartenformen sind dann angemessen, wenn der Kräutergarten in Anlehnung an den Gartenstil in bestehenden größeren Gärten eingebunden werden muß. Am häufigsten allerdings fällt die Ent-

| Gestaltung mit Kräutern | geeignete Kräuter | Bemerkung |
|---|---|---|
| Wegerand und -saum | Minze-Arten, Indianernessel, Eberraute, Salbei, Marienblatt | Kontaktdufter |
| Duftrasen und -teppich (scented lawn) | Römische Kamille, Feld-Thymian | keine Mischpflanzungen, Pflanzung von vorkultivierten Jungpflanzen, mehrmaliger Schnitt; gut geeignet für Tautreten nach Kneipp, für Sonnen-Heilbäder, zur Erholung und Entspannung |
| Einsaat in Gartenrasen | heimische Duftkräuter, wie z. B. Ruch-, Marien- und Vanillegras | nach jeder Mahd angenehmer Cumarin-Heuduft |
| Dufthecke | Silberstrauch Perovskia, Kamm-Minze; Lavendel, Eberraute, Heiligenkraut; Weinraute, Ysop; Edel-Gamander, Thymian | Höhe etwa 1 m; Höhe 50 – 80 cm; Höhe 30 – 50 cm; Höhe bis 30 cm Mehrfacher Schnitt! |
| Duftpfad | niedere Minze- und Dost-Arten, Feld- und Zitronen-Thymian, Veilchen, Waldmeister; in Trockenmauern: Berg-Bohnenkraut, Ysop, Felsennelke | in den Zwischenräumen von Trittplatten robuste, blattduftende Staudenpflanzen |
| duftende Bodendecker | Schafgarbe, Beifuß, Thymian- und Origano-Arten | vollsonnige Lage, auch für hängiges und schwierig zu bewirtschaftendes Gelände |

# Streng symmetrische Kräutergärten

Zwei streng symmetrische Beete, die von allen Seiten leicht erreichbar sind. In der Beetmitte (1) stehen die höchsten Kräuter, zum Rand hin werden sie niedriger. Den Abschluß bildet eine niedrige Hecke aus Buchs, Ysop oder Heiligenkraut.

Auf plattenverlegten Terrassen können attraktive regelmäßige Kräuteranlagen entstehen, indem stellenweise die Steinplatten herausgenommen und die aufbereiteten Flächen mit bevorzugten Kräuterarten bepflanzt werden.

## Beetartiger Küchengarten

Eine besonders empfehlenswerte Variante regelmäßiger Gartenformen ist der beetartige Küchen-Kräutergarten. Die Beetanordnung gilt als einfachste und übersichtlichste Art der Gartenbewirtschaftung und ist deshalb vor allem für Neulinge geeignet, die bereits Erfahrungen mit reihenweiser Nutzung, beispielsweise mit Gemüseanbau, haben. Für den Küchen-Kräutergarten eignen sich bei der Neuanlage im Zuschnitt rechteckige

scheidung für regelmäßige geometrische Einteilungen, wenn nur knapp begrenzte Flächen verfügbar sind, um diese bestmöglich zu nutzen.

Die Aufgliederung regelmäßiger Kräutergärten erfolgt durch die Wegeführung, um rechteckige, seltener quadratische oder runde Einzelbeete zu erhalten. Haupt- und größere Nebenwege legen wir bewußt geringfügig über dem allgemeinen Bodenniveau an, damit sie weniger verschmutzen und stets rasch abtrocknen. Es eignen sich, der Gestaltungsform angepaßt, als Wegebelag quadratische Platten, die auch kostengünstig und schnell zu verlegen sind. Die Einzelbeete sollen nicht breiter als 1,20 m sein, so daß Pflege und Ernte der Kräuter ohne Schwierigkeiten möglich ist. Im Vergleich zum Beetkräutergarten (siehe S. 46) ist hier zu beachten, daß je Einzelbeet entweder nur eine Kräuterart gewählt wird oder, wenn mehrere Kräuterarten gepflanzt werden sollen, das Höhenwachstum der einzelnen Arten zu berücksichtigen ist.

Fortsetzung, siehe S. 42

Der attraktive Lavendel sollte in keinem Kräutergarten fehlen.

# Senkgarten mit Duftpflanzen

Der Senkgarten ist mit duftenden Pflanzen allseitig etwa 1,5 m tiefer gelegen oder in gleichem Maße angeböscht. Die Böschungen werden mit duftenden Bodendecker- und Beetrosen (1) oder mit duftenden Stauden (2) bepflanzt und mit wohlriechenden Solitärgehölzen und Sträuchern (3, z. B. Schwarzer Holunder, Flieder, Schneeball) aufgelockert. An der Westseite ist eine Heckenbepflanzung mit Schottischer Zaunrose (4) oder Stechpalme (5) zweckmäßig. Mittelhohe Sträucher (6) um-

# Senkgarten mit Duftpflanzen

Eberraute oder Edelgamander abgegrenzt werden. Eine Liege lädt zum Verweilen und Entspannen ein.
Die übrigen Felder sind mit mehrjährigen (12) bzw. ein- und zweijährigen (13) duftenden Heil- und Gewürzkräutern bepflanzt. Duftpfade (14), auf denen zwischen den Trittsteinen Minze-Arten oder Thymian wachsen, durchziehen die einzelnen Beete.

geben die Sitzbank, während eine Hecke aus Traubenkirschen und Sommerjasmin (8) die von Clematis, Dufttrauben oder Kletterrosen (7) umrankte Pergola umgibt.
Den Mittelpunkt des Wegekreuzes bildet ein Wasserbecken (9). Die Fläche vor der Duftlaube (10) kann als Duftrasen mit Römischer Kamille oder Feldthymian angelegt und mit Kleinhecken (11) von Lavendel,

# Kräutergarten-Praxis

*Kleines Küchen-Kräuterbeet im Rasen*

Grundflächen. Günstig sind Ost-West-Anlagen, damit die Einzelbeete in Nord-Süd-Richtung verlaufen können. Im Küchen-Kräutergarten (z. B. für einen Haushalt eine Gesamtfläche von 10 × 6 m) mit reihenweiser Kultur der ein- und zweijährigen Pflanzenarten lassen sich ebenso die Vorteile der Kräutermischkulturen (siehe S. 26) nutzen und auch Hügelbeete (siehe S. 46) anlegen.

Randbeete mit einer Breite von etwa 1 m umgeben von zwei Seiten unseren Küchengarten. Sie bieten den Standraum für die mehrjährigen Kräuterarten. An der Nordseite kann der Küchengarten an Gebäude oder den Obstgarten anschließen, ostwärts dürfen Beerensträucher wachsen, wenn für den nötigen Abstand von 1,5 – 2 m zu den Kräutern gesorgt ist. An West- und Südseiten haben wir den Übergang zum übrigen Wohn- und Nutzgarten ohne höhere Gebäude und Bäume, damit ein schneller Zugang gewährleistet ist und jegliche Beschattung unterbleibt.

## Kreuzform-Kräutergärten

Sie haben ihre Vorbilder in den berühmten mittelalterlichen Klostergärten. Diese wiederum wurden römischen Gärten nachgebildet, deren Vorläufer frühpersische, altislamische und ägyptische Tempelgärten gewesen waren. Umgeben mit Mauern oder Zäunen, mit gradlinigen Wegen eingeteilt, standen die Pflanzen in diesen Alt-Gärten in Reihen ausgerichtet.

Für Kräutergärten mit Kreuzform-Wegeführung sind ebenfalls rechteckige Grundstücke erforderlich. Im Mittelpunkt, dort wo sich Längs- und Querweg kreuzen, bildet meist ein Rondell den Blickfang mit höher-

Kräuterbeet in Kreuzform: (1) Königskerze, Alant, Eibisch oder Malve; (2a) Baldrian; (2b) Dill, Estragon; (3) Kümmel, Koriander, Anis; (4) Minze-Arten; (5) Gartensauerampfer; (6) Eberraute; (7) Indianernessel; (8) Liebstöckel; (9) Basilikum; (10a) Ringelblume; (10b) Zitronenmelisse; (11a) Thymian; (11b) Ysop; (12a) Salbei; (12b) Lavendel; (13) Majoran, Garten-Bohnenkraut; (14) Pimpinelle; (15) Origano, Rosmarin; (16) Fenchel, Beifuß; (17) Boretsch; (18) Petersilie; (19) Schnittlauch; Einfassung mit Buchs, Lavendel, Heiligenkraut

# Streng symmetrische Kräutergärten 43

*Duftrad: Apfelminze 'Variegata' (weiß-grünblättrig, 1), Indianernessel (2), Levkoje (3), Ysop (4), Salbei 'Variegata' (weiß-grünblättrig, 5), Zitronen-Thymian und Origano (6), Lavendel (7) und Zitronenmelisse 'Aurea' (weiß-grünblättrig, 8)*

wachsenden Pflanzen oder mit einer attraktiven Sonnenuhr, nicht selten auch mit einem Wasserbecken oder sprudelnden Brunnen. Entlang der seitlichen Mauern können die halbbreiten Randbeete z. B. mit ausdauernden Kräuterarten bepflanzt werden.

Die Wege des Kloster-Kräutergartens säumen Feldsteine, zünftiger jedoch niedrigwachsende, regelmäßig geschnittene Buchseinfassungen. Die Betreuung und Pflege dieser historisch nachempfundenen Kräutergärten soll so erfolgen, daß Wegekreuzform und Mittelpunktsymbol immer sichtbar erhalten bleiben.

## Kräuter-Rondell oder Kräuterrad

Dies ist eine Rundbeetanlage von mindestens 6 m Durchmesser. Die Wagenspeichen werden von den strahlenförmig geführten Wegen gebildet und damit die Segment-Beete eingeteilt. Die Wagennabe, das runde Mittelbeet, kann mit höherwachsenden Kräuterarten, wie z. B. Alant, Fenchel, Bal-

*Bei der Gestaltung eines Beetes muß man die Wuchshöhen der Kräuterarten beachten.*

drian, Angelika oder auch Lorbeer und Zitronenstrauch, bepflanzt oder wie beim Kreuzform-Kräutergarten gestaltet werden. In den Speicherfeldern pflanzen oder säen wir nach Belieben alle niedrigen bis mittelhoch wachsenden Heil-, Würz- und Duftpflanzen. Den Außenrand des Kräuterrades kann man mit Thymian, Ysop oder Berg-Bohnenkraut einfassen und durch jährlichen Rückschnitt kurzhalten.

Eine Besonderheit ist das Kräuter-Rondell als Duftrad (Abbildung, siehe S. 43). Die Speichenfelder werden abwechselnd bepflanzt mit grün- und buntblättrigen Aromakräutern, beispielsweise mit weiß-grünblättriger Apfelminze und Zitronenmelisse, Indianernessel, Levkojen, Ysop, Salbei, Lavendel, Bergminze, Zitronen-Thymian und Dost.

## Unregelmäßige Kräutergärten

Sie passen sich jedem Grundstückszuschnitt an. Mit zwanglos geführten Wegen, die stellenweise überwachsen sind, werden mit Hilfe von flachen Stufen die zuweilen auch künstlich angelegten Höhenunterschiede überwunden.

Gepflanzt wird in Kräutergruppen unter Beachtung der Wuchshöhen, und schon bald kommt es zu einem einvernehmlichen Miteinander. Aus unserem zwanglos gestalteten Kräutergarten entsteht im Laufe der Zeit ein echtes Kräuterbiotop, wenn wir die Eingriffe von außen auf ein Mindestmaß beschränken.

Steht uns ein größeres Grundstück zur Verfügung, teilen wir, dem Gelände angepaßt, den zwanglosen Kräutergarten in verschiedene Bereiche ein.

Feuchtigkeitsliebende Kräuter, wie z. B. Sauerampfer oder Minze-Arten, dürfen sich an sumpfigen Stellen oder am Teichrand ungehindert ausbreiten; soweit die Kräuter halbschattenverträglich sind, erfolgt die Gruppierung nahe von Baum- und Strauchgruppen, und die trockenresistenten Stauden finden ihren naturgemäßen Standraum auf sandigen, steinigen Halden sowie an vollbesonnten Mäuerchen.

Möglichst zum Wohnhaus hin, auf ebenfalls sonnenreicher Fläche mit Gartenboden, erhalten die täglich benötigten Küchenkräuter ihren Platz. Die Flächen von größeren Kräutergruppen können durch Trittsteine begehbar gemacht werden. Für die üblichen Wegebefestigungen eignen sich z. B. flache Bruchsteine, Natursteinplatten mit unregelmäßigen Formen und Pflastersteine. Ergänzend sind Kies, Sand und Rindenmulch als Wegebelag zu erwähnen. Auch

*Buntes Kräuterbeet mit Dill, Indianernessel, Ringelblumen und anderen Kräuterarten*

*Minze-Arten lieben die Feuchtigkeit und können auch an sumpfigen Stellen wachsen.*

# Unregelmäßige Kräutergärten

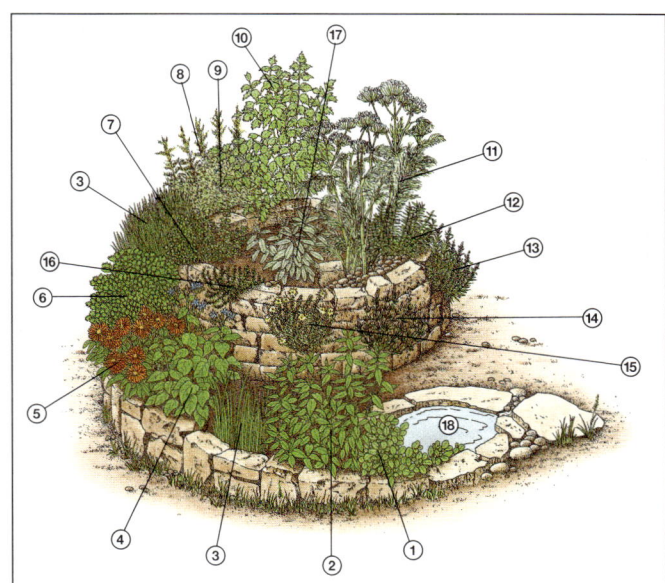

Kräuterspirale: Brunnenkresse (1), Minze-Arten/Sauerampfer (2), Schnittlauch/Knoblauch (3), Boretsch (4), Ringelblumen (5), Petersilie/Kerbel (6), Pimpinelle (7), Wermut (8), Beifuß (9), Liebstöckel (10), Fenchel/Dill/Estragon (11), Rosmarin (12), Berg-Bohnenkraut (13), Ysop (14), Tripmadam (15), Thymian (16), Salbei (17), Wasserfläche (18)

Insgesamt brauchen wir für die Kräuterspirale einen sonnigen Standort – kreisrund mit mindestens 3 m Durchmesser. In der Mitte dieser abgesteckten Fläche wird ein 50 – 70 cm hoher Steinhügel errichtet, der zur Wärmespeicherung und Dränung dient. Aufgefüllt mit vorhandener Gartenerde oder mit durch Sand abgemagertem Bodengemisch wird anschließend mit Feld- oder anderen Natursteinen eine Spirale gebaut, die im südlichen Teil in einer Sumpfzone und einem kleinen Teich endet.

Anstelle des Teiches mit einer Größe von mindestens 75 cm im Durchmesser, ausgelegt mit einer Teichfolie, können wir auch geschickt ein offenes Faß oder einen gebrauchten Kessel eingraben, so daß nur die Wasserfläche sichtbar bleibt.

Die Wasserfläche wirkt zugleich auf das Kleinklima, z. B. bei starker Besonnung durch Verdunstung oder bei Nachtfrösten grasbewachsene und erdgestampfte Wege stören nicht.

Die zierliche Vogeltränke sollte in keinem Kräutergarten fehlen. Bunte Habichtskugeln beleben die Gartenszene, und eigene Werke der Kleinkunst geben dem originellen Kräutergarten eine ganz persönliche Note.

## Kräuterspirale

Zweckmäßig ist die sogenannte Kräuterspirale, wenn nur eine begrenzte Anbaufläche zur Verfügung steht und dennoch ein vielseitiges Kräuterprogramm erwünscht ist. Mit der Kräuterspirale kann nämlich den Standortansprüchen der verschiedenen Kräuterarten weitgehend entsprochen werden. Vom Feuchtbiotop bis zur extremen Trockenlage besteht hierzu auf verhältnismäßig kleiner Fläche diese Möglichkeit.

*Trockenbiotop für Kräuter*

# Kräutergarten-Praxis

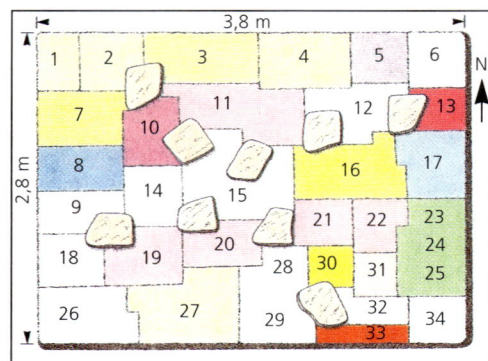

*Kräuterbeet für eine Familie : 1 Liebstöckel (1), 1 Wermut (2), 2 Fenchel u. 3 Dt. Estragon (3), 1 Echte Engelwurz u. 2 Beifuß (4), 2 Lavendel (5), 4 Rosmarin (6), Dill (ausgesät, 7), Boretsch (ausgesät, 8), Koriander (ausgesät, 9), 3 Salbei (10), 5 Apfelminze (11), 2 Zitronenmelisse (12), 3 Reihen Großer Sauerampfer (13), 6 Meerrettich (14), 10 Pfefferminze (15), je 2 Weinraute u. Eberraute (16), 3 Ysop (17), 3 Origano (18), 5 Zitronen-Thymian (19), 3 Thymian (20), 4 Berg-Bohnenkraut (21), Garten-Bohnenkraut (ausgesät, 22), Schnittlauch (23), Winterheckzwiebeln (24), Knoblauch (25), Basilikum (ausgesät, 26), Petersilie (ausgesät, 27), Majoran (ausgesät, 28), Portulak (ausgesät, 29), Weißer Senf (30), 3 Pimpinelle (31), Kerbel (ausgesät, 32), Kapuzinerkresse (ausgesät, 33), Gartenkresse (ausgesät, 34)*

*Aufbau eines Hügelbeetes: Draht gegen Wühlmäuse (1), Schnittholz, Reisig oder anderes grobes Material (2), Rasensoden (3), grobe Pflanzenabfälle (4), halbreifer Kompost (5), Gartenerde (6), auf der Trittsteine verlegt werden. Gießmulde nicht vergessen!*

temperaturmildernd. Im Teich und in der Sumpfzone wachsen feuchtigkeitsliebende Pflanzen (im Wasser: Brunnenkresse, Kalmus, Froschbiß und die Duftpflanze Helonie; in der Sumpfzone: Sauerampfer, Minze-Arten und der Goldkolben als Duftpflanze).

Im mittleren und unteren Teil der Kräuterspirale können wir durch Zugabe von Kompost den Nährstoffgehalt erhöhen. Beim Pflanzen achten wir darauf, daß höherwachsende Arten zur Mitte hin angeordnet werden. Auf die Nordseite pflanzen wir halbschattenverträgliche Kräuter, wie z. B. Kerbel, Kümmel, Liebstöckel und evtl. auch Petersilie, und im feuchten Bereich Brunnenkresse, Minze-Arten und Großer Sauerampfer. In den Mauerritzen wachsen bevorzugt Berg-Bohnenkraut und Tripmadam.

## Das große Kräuterbeet

In vielen Fällen wird konkret ein Kräuterbeet gewünscht zur ganzjährigen Kräuterversorgung. Bei sorgfältiger Kulturpflege genügen etwa 12 m² Kräuterbeetfläche für eine vierköpfige Familie. In den Abmessungen 3 × 4 m reicht die Fläche aus, um bis zu 30 Arten gruppenweise geordnet zu pflanzen oder zu säen.

Zur leichteren Kulturpflege und für regelmäßige Beerntungen ist es zweckmäßig, Trittplatten zwischen die unregelmäßig angeordneten Kräutergruppen zu legen.

## Hoch- und Hügelbeet

Hochgelegte Kräuterbeete erleichtern insbesondere älteren und behinderten Menschen Kulturpflege und Ernte. Die Einfassungen sind etwa 40–90 cm hoch und werden mit Natursteinen gemauert, auch mit Holzplanken oder Palisaden aus Rundhölzern bzw. mit neuen Bahnschwellen gebaut. An sonniger Stelle gestatten die Einfassungen den Einbau von Sitzbänken. Um die hochgelegten Beete werden Trittplatten verlegt.

Vor dem Auffüllen mit Gartenerde kann durch Einbringen einer Dränschicht mit Sand oder Kies (ca. 20 – 30 cm) als Bodenunterlage die Wasserführung des hochgelegten Kräuterbeetes verbessert werden. Kriechend wachsende Kräuterarten, wie z. B. Thymian-Arten, Tripmadam, Berg-Bohnenkraut und Kapuzinerkresse, an die Ränder oder die Mauerritzen gepflanzt, zieren später mit überhängendem Wuchs und Blütenansatz.

## Kräuter-Hügelbeet

Sie sind einfacher und kostengünstiger als Hochbeete. Im Hügelgarten werden Kulturintensität und Verwertung verrottbarer organischer Reste aus Haus und Garten sinnvoll miteinander verbunden.

Hügelbeete sind in einer Grabenmulde schichtweise über dem Hügelkern aus Schnittholz, Ästen und anderem verrottbaren Material aufgebaut. Dabei kann man auch weniger grobe Gartenabfälle, Gestrüpp, Staudenstengel, Laub, Rasensoden und Rohkompost mitverwenden und schließlich den Mutterboden des Grabenaushubs als oberste Schicht aufbringen. Insgesamt ist damit allgemein eine Hügelhöhe von 0,8 – 1 m erreichbar. Die Länge der Hügelbeete kann beliebig sein. Vorteilhaft ist die Anlage in Nord-Süd-Richtung, damit eine ausgeglichene Besonnung aller Hügelteile gewährleistet ist. Um vor allem im ersten Kulturjahr stärkerem Austrocknen vorzubeugen, wird auf der Kammitte eine Gießmulde vorgesehen. Ein wesentlicher Vorteil ist der Flächengewinn von bis zu 30% durch die Hügelwölbung.

Für Kräuterkulturen sind Hügelbeete ab dem zweiten Anbaujahr geeignet. Nach

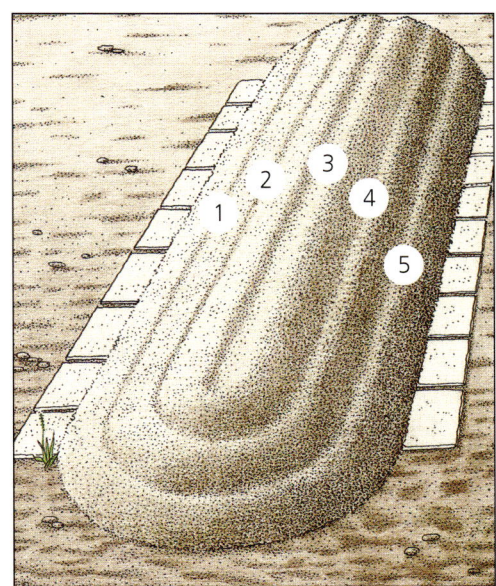

*Bepflanzungsplan für ein Kräuterhügelbeet, das in Nord-Süd-Richtung angelegt wird: Boretsch, Kresse und Schnittlauch (1), Estragon, Rosmarin und Salbei (2), Beifuß, Liebstöckel, Melisse, Weinraute und Wermut (3), Dill, Minze-Arten, Origano und Ysop (4) sowie Basilikum, Majoran und Petersilie (5)*

dem Anlegen pflanzen wir am besten zunächst kräftig wachsende Gemüsearten wie Tomaten, Gurken, Zucchini oder säen übergangsweise Gründüngungskulturen (siehe S. 23) ein. Bereits im Herbst, besser im Frühjahr, erfolgt dann die Umstellung auf die Kräuterkultur. Beim Pflanzen werden die mehrjährigen und stärker wüchsigen Kräuter für die oberen Reihen, die einjährigen, niedrigeren Arten dagegen für die Außenreihen vorgesehen.

Eine Sonderform ist das **Rundhügelbeet**. Richtig plaziert sind die Kräuter-Rundhügel selbst im Wohngarten nicht störend. Die Rundhügelbeete mit einem Durchmesser von mindestens 2,5 m haben den gleichen Schichtenaufbau wie die Längshügel. Auch hier achten wir darauf, daß zur Mitte hin die höheren Pflanzenarten angeordnet wer-

# Kräutergarten-Praxis

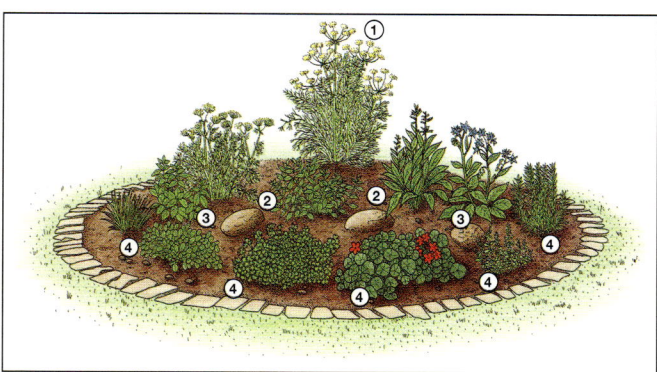

*Rundhügelbeet für Kräuter, von innen nach außen: Liebstöckel, Fenchel (1); Dill, Estragon, Kerbel, Petersilie, Minze (2); Salbei, Lavendel, Boretsch (3); Schnittlauch, Basilikum, Majoran, Origano, Kapuzinerkresse, Thymian, Ysop (4)*

*Gelb und orangeblühende Ringelblumen verschönern das Hügelbeet.*

den. Danach folgen die mittelgroßen und schließlich am Rande die kriechenden Kräuter. Rings um den Rundhügel, auf gleichem Niveau mit der Rasenfläche, führen wir auch hier einen Plattenweg und verteilen auf dem Hügel zwischen den Pflanzen Trittsteine, um das Pflegen und Ernten zu erleichtern.

Heiter wirkt das Rundhügelbeet im Garten durch blühende Kräuter, wie z. B. Königskerzen, Ringelblumen, Kapuzinerkresse, Boretsch, Ysop, Thymian und andere Lippenblütler.

> Alle Formen des Kräuter-Hügelanbaues haben sich auch für Mischkulturen mit anderen Nutzpflanzen bewährt.

## Öko-Kräutergärten

Wer seinen Kräutergarten „alternativ" bewirtschaften will, hat keine besonderen Schwierigkeiten mit den Kräuterkulturen. Heil- und Würzpflanzen sind in beträchtlichem Maße widerstandsfähig gegen Krankheiten und stellen meist nur bescheidene Ansprüche an zusätzliche Düngungen. Eigentlich lassen sich alle bekannten alternativen Anbauverfahren auf unsere Kräutergärten einfach übertragen.

Mit Hilfe des Aussaat-Kalenders von Maria Thun können Biogärtner alle Kulturmaßnahmen, wie z. B. säen, pikieren, pflanzen, düngen, spritzen und ernten, an solchen Tagen durchführen, die kosmische und terrestrische Einflüsse auf die Kulturentwicklung verstärken.

Behandlungen mit Kräuterbrühen und -jauchen (siehe S. 32) stärken das Immunsystem der Pflanzen. Eine Schlüsselfunktion hat die richtige Humusversorgung des Kräutergartens, unterstützt durch fachgerechtes Mulchen. Wenn dennoch Nährstoffzugaben erforderlich werden, kann man allerdings mit rein organischen Handelsdüngern, wie z. B. Oscorna, nachdüngen, ohne Würze, Aroma und Heilkräfte nachteilig zu beeinflussen.

### Permakultur

Ein eigenes alternatives Gartensystem für Kräuteranbau bietet der Küchengarten der Permakultur. Ein spiralförmiger Weg durch ebenes oder bewegtes Gelände endet an einem zentral gelegenen Wasserbecken, das zur Anzucht von Brunnenkresse (siehe dazu auch S. 118) dient. An beiden Seiten des spiraligen Weges sind in beliebiger Reihenfolge Heil-, Würz- und Aromakräuter gepflanzt.

# Öko-Kräutergärten

## Circle Gardening, Findhorn und Mandala-Gärten

Ökologisch wirtschaftende Gärtner haben herausgefunden, daß ihre Pflanzen auf runden oder ovalen und auf Kraterbeeten sich besser entwickeln, intensiver im Blattgrün sind und widerstandsfähiger gegen Krankheiten und Schädlinge.

Der Kreis ist die mystische Form heiliger Stätten und Versammlungsplätze. Sein Mittelpunkt gilt als Symbol für unerschöpfliche Kraft, und diese unversiegbare Quelle bewirkt alles Wachsen und Entwickeln. So wie jeder Mensch und jedes Tier ist auch die Pflanze Mittelpunkt ihres eigenen Umkreises.

Beim **Circle Gardening** des Amerikaners Langham haben die kreisrunden Kräuterbeete (Kraterbeete) zur Mitte hin eine Mulde, um damit eine bessere Verbindung zum Energiefeld der Erde zu gewährleisten.

Die **Findhorn-Gruppe** im Norden Schottlands benutzt nach einem alten Klosterplan ebenfalls Kreisbeete als besondere Kraftfelder für ihre Kräuterkulturen.

Recht eindrucksvoll ist der Öko-Kräuteranbau in kreisrunden **Mandala-Gärten.** Mandala mit kreisrunden Figuren bedeutet im altindischen, buddhistischen und taoisti-

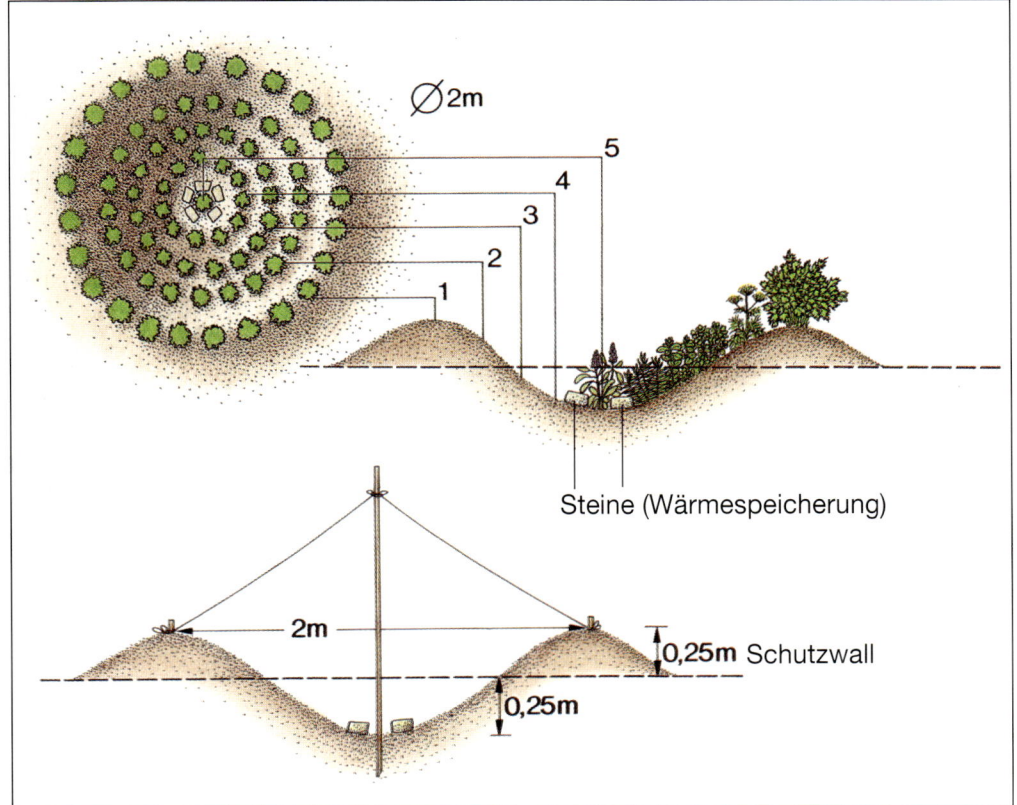

Circle Gardening, Kraterbeet in Anlehnung an Langham/USA, Pflanzvorschlag:
Ring 1 (Wallmitte): Liebstöckel, Beifuß, Wermut, Estragon, Ysop, Origano, Eberraute, Weinraute; Ring 2: Dill, Boretsch, Petersilie, Gartenkerbel; Ring 3: Melisse, Minze-Arten, Origano, Thymian-Arten, Pimpinelle; Ring 4: Basilikum, Bohnenkraut, Majoran, Knoblauch, Schnittlauch; Kratermitte (5): Kälteempfindliche Arten, Rosmarin oder Salbei/Lavendel

Mandala-Kräutergarten mit einem Durchmesser von 20 m (nach S. Scherneck):
(1) Flieder, (2) Beinwell als Einwachsschutz und Hummelweide sowie Rhabarber, (3) Bärenklau und Pestwurz, (4) Feldahorn als Windschutz, (5) Holunder, (6) Fichten, (7) Birken, (8) Kompost, (9) Sitzplatz; Ring I: Beerensträucher, dazwischen niedrigwachsende Heilkräuter; Ring II: Lauch, Zwiebelarten, Erbsen, Bohnen; Ring III: Kohlarten, Sellerie; Ring IV: Salatarten; Ring V (Innenring): höherwachsende Arznei- und Gewürzpflanzen, Kräuter, Rettich, Rote Bete, Pastinaken, Schwarzwurzeln

schen Kulturraum die mystische Beziehung zwischen den Lebewesen und dem Weltall. Konzentrierung, Heilung und Wachstum bestimmen den Bewegungsrhythmus des Mandalas. Vermag ein Organismus Energien auf sich zu lenken, kann er sich selber heilen, weiterentwickeln und über sich selbst hinaus entfalten. In der Mitte des Mandalas ist immer ein Ruhepunkt, ein Sitzplatz zum Verweilen und Entspannen. Von dieser Mitte ausgehend sind die symmetrischen Achsen angeordnet, symbolisch für die vier Himmelsrichtungen. Auf einer solchen Achse führt der Zuweg zum Mittelpunkt. Das Rundfeld ist umzäunt, und die Außenumrandung hat als Einwachsschutz Anpflanzungen mit Beinwell, Topinambur, Rhabarber und anderen Kräutern. Im Ring selbst wachsen die verschiedenen Kräuterarten kreisförmig angeordnet. Weil das zur Einheit führende System ebenso kräftigend auf den Boden einwirkt, sollen Heil-, Würz- und Duftpflanzen im höchsten Maße energiereiche Inhaltsstoffe bilden können.

## Aromagärten: Gärten der Düfte

Das Pflanzengerüst eines Duftgartens bilden die blattduftenden und immergrünen aromatischen Kräuterarten, weil sie beständiger, langfristiger, ja sogar ganzjährig die Duftkulisse sind. Mit den Blütenduftern begeht dagegen der Aromagarten seine besonderen Feiertage im Jahresablauf. Ein Duftgarten ist also nicht nur durch Aufbau und Materialanwendung charakterisiert, sondern insbesondere durch sein ganzjähriges Duftangebot mit ausgesuchten Aromapflanzen.

Zweckvoll und attraktiv verbinden sich Gestaltung und Kräuterkombination bei der Anlage von Duft-Senkgärten (Abbildung, siehe S. 40). Etwas tiefer gelegene, „versenkte" Duftgärten sind Wärmeoasen mit vorzüglichem Kleinklima, vor allem für die Blütenduftler. Ihre vollbesonnten Standorte gewährleisten die bestmögliche Entwicklung der Dufteigenschaften. Durch reichliche Verwendung von Steinmaterial für Wege und Ausgestaltung erfolgt in idealer Weise die Speicherung der Tageswärme mit dosierter Abgabe in den Abend- und Nachtstunden.

**Duftende Kräuter für den Garten**: Rosmarin, Thymian, Lavendel, Kamille, Muskateller-Salbei, Römische Kamille, Waldmeister, Angelika, Echtes Mädesüß, Nachtkerze, Indianernessel, Echter Alant, Minze-Arten, Currykraut, Salbei.

## Kosmetik-Kräutergärten

Bekanntester Grundsatz der kosmetischen Physiologie ist, daß das Aussehen der Oberhaut mit ihren Gebilden wie Haaren, Wimpern und Nägeln Ausdruck der körperlichen Verfassung und des Stoffwechsels ist. Heil-Kosmetika umfassen deshalb neben Salben, Cremes, Kompressen, Gesichtswasser, Masken und Bädern zur äußeren Anwendung (Rezepte, siehe S. 76) auch Kräutertees, Säfte und Kräuterauszüge – und im Rahmen gesunder Ernährungsweisen auch Würzpflanzen – zur ergänzenden innerlichen Behandlung.

Originell ist ein Kräutergarten für Naturkosmetik zu gestalten. Zwar sind sie vielfach bescheiden in der Flächengröße, dennoch können sie attraktiv durch die Kombination von ausgewählten Kräutern und zusätzli-

*Nachtkerzen duften abends und nachts.*

*Mädesüß mit sehr starkem, süßlichem Duft*

## Kräutergarten-Praxis

Dieser Kosmetik- und Duftgarten beherbergt Kräuter und andere Pflanzen, aus denen Cremes, Haarfärbemittel, Badezusätze und ähnliches hergestellt werden können.

**1** Virginische Zaubernuß (Hamamelis virginiana), **2** Kartoffel-Rose (Rosa rugosa), **3** Rosmarin (Rosmarinus officinalis), **4** Duft-Veilchen (Viola odorata), **5** Große Klette (Arctium lappa), **6** Wiesen-Arnika (Arnica chamissonis), **7** Lavendel (Lavandula angustifolia), **8** Zitronen-Thymian (Thymus x citriodorus), **9** Buchsbaum, **10** Eisenkraut (Verbena officinalis), **11** Duftsteinrich (Lobularia maritima), **12** Iris (Iris germanica), **13** Heliotrop (Heliotropium arborescens), **14** Zitronenmelisse (Melissa officinalis), **15** Ringelblume (Calendula officinalis), **16** Diptam (Dictamnus albus), **17** Weißer Senf (Sinapis alba, aussäen), **18** Pfefferminze (Mentha x piperita)

chen Gestaltungselementen werden. Vielleicht wird es ein kleiner, sonniger, zauberhafter Steingarten oder ein außergewöhnliches Bankbeet mit schmückender, spiegelnder Glaskugel und kunstfertiger Keramik-Vogel- und Insektentränke. Der besondere Vorteil eines eigenen Kosmetik-Kräutergartens besteht darin, daß alle Kräuter immer frisch für Anwendungen und als Grundstoffe für kosmetische Rezepturen verfügbar sind.

Rezepte für Naturkosmetika finden Sie ab S. 76, Rezepte mit Heilkräutern ab S. 70.

# Färber-Kräutergarten

*Frauenmantel sollte im Kosmetikgarten nicht fehlen.*

Zum Standardprogramm eines Kosmetik-Kräutergartens gehören folgende Pflanzenarten: *Aloe vera*, Augentrost, Beinwell, Eberraute, Fenchel, Frauenmantel, Kamille, Lavendel, Ringelblume, Rosmarin, Salbei, Schafgarbe und Veilchen.

Bei den Kräuterbeschreibungen (siehe ab S. 81) wird auch auf die Eigenschaften der einzelnen Arten für die Naturkosmetik hingewiesen.

## Färber-Kräutergärten

Die alte Kunst des Färbens von Stoffen und Wolle mit Pflanzenfarben ist für Naturfreunde eine beliebte Freizeitbeschäftigung geworden. Besonders reizvoll ist das Färben, wenn dazu wie in alten Zeiten die Färberkräuter im eigenen Garten selbst angebaut werden. Diese können im Garten zwischen anderen Kräutern oder Stauden kultiviert oder in einem separaten Färbergärtchen wachsen.

Die besten Färbermittel gewinnt man aus frischen Kräutern, von Blüten, zarten jungen Blättern und reifen Früchten. Wurzeln

*Die Blätter des gelbblühenden Färberwaid werden im Hochsommer geerntet.*

*Kornblume*

# Kräutergarten-Praxis

*Hopfen*

und Zwiebelschalen werden nach dem Ernten erst getrocknet.

Die wichtigsten Färberpflanzen für den Kräutergarten sind: Färberwaid, Färberkamille, Färberröte, Färberreseda, Färbersaflor, Färberginster und Holunderbeeren; ferner Echtes Labkraut, Alant, Stockrose, Kornblume, Ochsenzunge, Hopfen, Goldrute, Mädesüß (Abb., s. S. 53) und Rainfarn.

## Insekten-Kräutergärten

Nicht nur Imker, sondern auch vielfach passionierte Naturschützer und Gartenfreunde möchten gerne einen Insekten-Kräutergarten anlegen. Gilt es doch, die Schmetterlinge wieder zurückzuholen und unserer größten Bienenrasse, den Hummeln, Futterbasis und Heimstatt zu geben.

Die Gestaltung des Insektengartens kann streng gegliedert oder zwanglos (Gestaltungen, siehe ab S. 37) sein. Wichtig ist die Kräuterauswahl mit Nahrungsangeboten vom zeitigen Frühjahr bis in den Spätherbst hinein.

Gestalteter Mittelpunkt ist ein Bienenstand mit den Beuten oder ein Hummelkasten an vollsonniger Stelle und eine Insektentränke.

Bei der Kräuterauswahl dominieren alle Arten aus der Familie der Lippen- und Doldenblütler, daneben Boretsch, Phazelia, Buchweizen und Baldrian. Eine Salweide zur frühen Pollennahrung sollte nicht fehlen, und speziell für die Anlockung der Hummeln pflanzen wir eine Zier-Johannisbeere und viel Beinwell an. Erhält der Immengarten zudem noch einen Strauch Sommerflieder, ist auch der Zuflug vieler Schmetterlingsarten in der heißen Jahreszeit sicher. Futterpflanzen für Raupen von Schmetterlingen sind z. B. Frauenmantel, Pimpinelle, Spitzwegerich, Sauerampfer, Duft-Veilchen und viele Klee-Arten.

Natürlich lassen wir möglichst viele Beikräuter (Unkräuter) ungestört und auch als Futterpflanzen zu ihrer Blüte kommen, vorausgesetzt, daß sie Kulturen nicht empfindlich beeinträchtigen.

*Boretsch lockt viele Insekten an.*

# Balkon und Terrasse

*Kräuter in Töpfen für Balkone und Terrasse*

*Kräuter im Balkonkasten*

## Kräuter auf Balkon und Terrasse

Fehlt in Hausnähe das nötige Gartenland, braucht man dennoch nicht auf eigene Kräuterkulturen verzichten. Natürlich ist auch hier ein sonniger Standort die wichtigste Voraussetzung für das Gedeihen der aromatischen Tee- und Würzkräuter.
Im Schutz von Mauern und Hauswänden entwickeln sie sich besonders gut. Aber auch Dachgärten sind für mobile Kräutergärten geeignet, wenn der nötige Windschutz und ausreichende Wasserversorgung gewährleistet sind. Denn über den Dächern der Stadt ist es stets windbewegt und in den Sommermonaten recht heiß.
Um späterem unnötigen Ärger vorzubeugen, sollte man einige wichtige Hinweise vor Beginn der Balkongärtnerei beachten:
❀ Wenn die Hausordnung solche Kulturen gestattet, ist es zweckmäßig, vor dem Kauf der Gefäße die Tragkraft des Balkons abzuschätzen, sofern größere Behälter und Kübel aufzustellen sind.
❀ Auf der Außenseite der Balkone zur Straße hin dürfen grundsätzlich aus Sicherheitsgründen keine Töpfe oder Blumenkästen aufgehängt werden.
❀ Wenn der Balkon keine Regenrinne hat, damit überflüssiges Gießwasser abfließen kann, bietet sich die Entsorgung mit Untersätzen oder Blechunterbauten an.
❀ Die meisten Vorteile für die kleine Kräuterplantage bieten Balkone mit guter Besonnung. Auf Südbalkonen sind die Pflanzen im Sommer für Sonnenschutz dankbar, z. B. durch Markisen oder Gitter-Pergolen; im Frühjahr und Herbst dagegen ist hier das Klima am angenehmsten. Selbstverständlich können wir auch auf ost- und westseitigen Balkonen mit Erfolg noch „kräutern".
❀ Auf Balkonen an der Hauptwindseite – besonders in höheren Etagen – zeigen die Pflanzen nicht selten Windschäden. Abhilfe können – ohne daß das Ansehen leidet – festgedübelte Rankgerüste mit Efeu, auch größere strauch- bzw. zwergbaumartige Pflanzen in Kübeln, wie z. B. Lorbeer, Rosmarin oder alle Koniferen, bieten.
❀ So wie der Innenarchitekt die Ausstattung für die Wohnung auf einer Zeichnung einplant, kann man dies auch für den eigenen Kräuterbalkon skizzieren. Dies ist eine beachtliche Beratungshilfe beim Einkauf von Gefäßen und Pflanzen.
❀ Recht unkompliziert sind Kräuterkulturen in Foliensäcken für Balkon und Terras-

*Kräuterkultur im Foliensack*

se. Dazu eignen sich Fertigerden des Garten-Fachhandels. Vergessen wir nicht, auf der Unterseite des Erdsackes einige Wasserabzugslöcher einzustechen, damit Staunässe vermieden wird. Oberseits bringen wir im Abstand von 20 × 25 cm runde Löcher oder Kreuzschnitte an zum Einsetzen der Kräuter-Jungpflanzen. Die Erdsackkulturen sind wuchsfreudig und ertragreich, man muß sie allerdings jährlich erneuern.

## Gefäße

Gefäße für den mobilen Kräutergarten werden vielfältig, auch aus Beton und Kunststoff, angeboten. Grundsätzlich sind alle diese Materialien verwendbar. Allerdings werden die natürlichen Werkstoffe, wie z. B. Stein, Holz, Keramik und Ton, bevorzugt. Bei der Auswahl sollte man darauf achten, daß Material, Form und Farbe zum Haus und der nahen Umgebung passen und sich harmonisch eingliedern lassen. Oft überzeugt die Schlichtheit der Gefäße, denn schließlich soll die Bepflanzung dominieren.
Alle im Freien aufgestellten Pflanzenbehälter müssen durch Bodenlöcher einen ausreichenden Wasserabzug ermöglichen. Bei ungeschützter Überwinterung sollen zudem die Behälter frostfest sein.

*Rosmarin in attraktivem Tongefäß*

Mobile Kräutergärten müssen nicht unbedingt bewegt werden. Bleiben sie längere Zeit am selben Ort auf gewachsenem Boden, kann man die Bodenplatten der Gefäße entfernen. Durch den Bodenschluß wird Vernässungen in den Behältern vorgebeugt.

## Substrat

Als Pflanzerde verwenden wir gärtnerische Einheitserde vom Fachhandel oder selbstgemischte Substrate aus 50% Gartenerde, 30–40% Kompost oder Rindenhumus und 10–20% Sand. Wenn der Kompostanteil 50% betragen soll, darf der Salzgehalt 3 g/Liter nicht übersteigen (Erd-Untersuchung!). Ein anschließender Kressetest bestätigt die Unbedenklichkeit der eigenen Substratmischung. Eine Dränageschicht sollte man nicht vergessen.

## Bepflanzung und Pflege

Stehen uns ansehnliche Großgefäße zur Verfügung, können wir darin unter Beachtung des Größenwachstums ein beliebiges Kräutersortiment zusammenpflanzen.

Für Gefäßkulturen eignen sich alle ein- und mehrjährigen Kräuterarten. Allerdings ist immer zu bedenken, daß die Wurzeln nur über wenig Raum und eine begrenzte Wasser- und Nährstoffversorgung verfügen können.

Nach dem Einwachsen brauchen die Kräuter deshalb regelmäßig mindestens alle zwei bis drei Wochen eine Kopfdüngung. Bevorzugt werden hierfür wässrige Kompostauszüge (siehe S. 31), verdünnte Kräuterjauchen (siehe S. 32) und organische Handelsdünger, wie z. B. Hornspäne, Knochen- und Blutmehl oder Rizinus-Schrot.

Zu bewässern ist witterungsabhängig je nach Bedarf. Deshalb sind mobile Kräuteranlagen recht pflegeaufwendig. Findige Bastler können allerdings für ihre Kübelgärten automatische Tropfbewässerungen bauen, womit selbst längere Urlaubszeiten im Sommer zu überbrücken sind.

## Kräuter am Fenster

Für ganzjährige Fenster-Kräutergärten eignen sich am besten helle Ost- und Westfenster und im Winter die Südfensterfronten. Geschickte Bastler verbreitern sich die Fensterbänke nach innen und überbauen vorhandene Heizkörper.

Noch vorteilhafter als das Fensterbrett ist eine eingebaute Fensterwanne, die innen wasserdicht mit Folie ausgekleidet werden kann. Entweder kultivieren wir hier direkt ins Erdreich, „füttern" die Töpfe und Schalen in Moos oder humose Erde ein oder stellen die Gefäße in Untersetzer bzw. Übertöpfe, um den Wasserhaushalt besser regulieren zu können. Favoriten für solche Kulturen sind Schnittlauch, Schnitt-Knoblauch und Wurzel-Petersilie in Töpfen.

*Kräuterkulturen vor ...*

*... und hinter dem Fenster*

*Schnittlauch-Treiberei: 1. Kräftige ausgegrabene Pflanzen läßt man durchfrieren.*

*2. Danach wird eingetopft und die Pflanze aufs Fensterbrett gestellt.*

## Schnittlauch-Treiberei

Dazu werden am einfachsten im Herbst kräftige Pflanzen des eigenen Gartens ausgegraben. Die Blätter lassen wir abwelken und einziehen und die Klumpen tüchtig durchfrieren. Bleibt allerdings im Spätherbst die Witterung lange frostfrei, kann man die geputzten Wurzelballen durch ein etwa zehnstündiges Wasserbad bei Temperaturen von 35 – 40 °C stimulieren und die Treiberei damit einleiten. Anschließend wird eingetopft und die Kulturgefäße am Fenster bei Zimmertemperaturen aufgestellt.

Das Wachstum der röhrenförmigen Blätter ist insbesondere wärme- und weniger lichtabhängig. Nach dreimaligem Schnitt sind die Pflanzen meist erschöpft, aber nicht verdorben und können deshalb wieder in den Garten zurückgebracht werden.

## Knoblauch-Treiberei

Sie ist ganz einfach zur Gewinnung von würzigem Schnittgrün. Hierzu stecken wir jeweils mehrere Zwiebelzehen in die vorbereiteten Töpfe. Bei genügend feuchter Erde und Zimmertemperatur treibt der Knoblauch sehr bald aus, und sein Schnittgrün ist ebenfalls mehrmals zu ernten.

Knoblauchgrün gibt den Gerichten, vor allem Salaten und Quark, in dezenter Form den bekannten raffinierten, französischen Geschmack und gilt als Geheimtip der Küchenmeister.

## Treiberei von Petersilie und anderen Kräutern

Unproblematisch ist auch die Zimmertreiberei mit **Petersilienwurzeln**. Je nach Größe können wir hierzu mehrere Wurzeln in einen tieferen Topf einpflanzen und bei mäßiger Feuchtigkeit und Wärme antreiben. Beim Ernten dürfen immer nur die älteren Blätter von außen abgenommen werden, um dadurch eine lange und reichhaltige Nutzung zu gewährleisten.

Selbstverständlich kann man auch im Frühherbst gesunde Pflanzen von **Blatt-Peter-**

# Kräuter am Fenster

*Schnittlauch, frisch geerntet vom Fensterbrett*

silie eintopfen und für die Winterkultur vorbereiten. Allerdings ist der Erfolg nicht so sicher wie mit Wurzel-Petersilie.

In Schalen oder Kistchen säen wir ferner auch **Dill** und **Kerbel** für die Winterkultur auf dem Fensterbrett. Wichtig ist für diese Kräuterarten, daß sie genügend Tageslicht erhalten und daß sie nicht durch Übernässung der Kulturerde gefährdet werden.

Um mit großer Sicherheit den ganzen Winter über frisches Würzgrün zu ernten, säen wir **Weißen Senf** und **Rauke** für die Fensterkulturen. Senf- ebenso wie Raukesamen keimen in Töpfen oder Schalen in wenigen Tagen und sind nach etwa drei Wochen schnittreif. Deshalb muß in Abständen von zwei bis drei Wochen immer wieder neu ausgesät werden.

Im Schnellverfahren ist vor allem **Kresse** zu produzieren. Als Gefäße eignen sich für die Anzucht flache, wasserdichte Schalen und Kistchen, die einige Zentimeter dick mit Erde gefüllt werden. Ersatzweise genügen auch Löschpapier in mehreren Lagen, unparfümierte Papier-Taschentücher oder Watteunterlagen zum Anfeuchten.

Kressesamen wird ausreichend dicht gesät und immer feucht gehalten. Bereits nach wenigen Tagen zeigen sich aus den Keimlingen die ersten Blättchen, und nach etwa eineinhalb Wochen, wenn die Pflanzen 5 – 6 cm hoch sind, kann die Ernte mit der Haushaltsschere beginnen. Für diese kurze Kulturzeit reichen allein die im Samengewebe eingelagerten Nährstoffe für die Entwicklung aus. Wenn etwa alle zwei Wochen Folge-Aussaaten ausgeführt werden, steht immer ausreichend Kressewürzkraut in der Küche zur Verfügung.

> Besonders für Kinder ist die schnelle Kressekultur lehrreich. Mit Begeisterung werden die possierlichen Kressetiere aus Ton besät und spannungsvoll die Entwicklung bis zur Ernte verfolgt.

*Kresse-Tierchen*

*Ein duftender Kranz aus Kräutern für das Zimmer*

## Kräuter im Zimmer

Im Wohnbereich selbst können nutzbare Kräuter zusammen mit duftenden Zierpflanzen in dekorativen Gefäßen und Übertöpfen schmückende und belebende grüne Nischen bilden. Besonders beliebt für Zimmerkulturen sind mehrjährige Tee- und Würzkräuter, z. B. aufrecht wachsende und hängende Duft-Geranien, Lorbeer, Rosmarin, Lavendel, Salbei, Melisse, Thymian, Origano (Dost) und Estragon.

Auch auf ein- und zweijährige Kräuterarten braucht die „Zimmer-Kräuterei" nicht verzichten (Kräuter am Fenster, siehe S. 57).

## Ernte

Die Kräuter sollen dann geerntet werden, wenn bei guter Ausbeute die Wirkstoffgehalte am höchsten sind. Bei **Kraut-** und **Blü**tendrogen liegt dieser Termin im allgemeinen kurz vor der Blüte, weil dann die volle Grünentwicklung erreicht und die Reserven noch nicht durch Blühen und Samenbildung erschöpft sind. In wenigen Ausnahmefällen wird besser während der Vollblüte geerntet; dies ist in den Pflanzenbeschreibungen (siehe ab S. 81) besonders vermerkt.

**Früchte** sind in der Vollreife und **Samen** kurz vor der Dreschreife zu ernten. Die Ernte von **Wurzeln**, **Wurzelstöcken** und **Zwiebeln** erfolgt nach Abschluß der Vegetation, meist im Spätherbst oder nach geschützter Überwinterung, auch zuweilen erst im Frühjahr.

> Die günstigste Tageszeit ist für Kraut- und Blütenernten am Vormittag, sobald die Pflanzen tautrocken sind. Als günstigster Zeitpunkt für die Samenernte gilt der frühe Morgen, weil die gereiften, taufrischen Samenstände in diesem Zustand weniger Samenkörner verlieren. Zur Gewinnung von Wurzeldrogen spielt die Tageszeit keine Rolle.

Der Rückschnitt beim Ernten darf nur so tief

*Die Ernte der Kräuter ist im vollen Gange.*

# Kräuter haltbar machen

*Die meisten Kräuter werden vor der Blüte geerntet.*

*Zum Trocknen werden die Kräuter gebündelt und verkehrt herum aufgehängt.*

erfolgen, daß noch genügend gesunde Blätter verbleiben, um einen neuen Austrieb zu ermöglichen. Vergilbte, faulende und vertrocknete Pflanzenteile sind anschließend aus dem Erntegut zu entfernen. Erfahrene Kräutergärtner lassen die geschnittenen Kräuter sofort nach der Ernte in der Sonne schnell anwelken, erst dann folgt das übliche Trocknen. Auf diese Weise ist das Risiko des Verderbens zu reduzieren.

Wurzelheilkräuter werden nach der Ernte gründlich gewaschen und in 2 – 3 cm lange Stücke geschnitten, damit sie anschließend schneller trocknen können. Wurzeln zur Aufbewahrung kommen ungewaschen in den Sand- oder Erdeinschlag, und Zwiebeln werden in Bündeln oder Zöpfen geflochten, luftig aufgehängt bzw. in Kisten trocken gelagert.

Frischkräuter waschen wir vor der Verwendung rasch, aber dennoch behutsam unter fließendem Wasser, schütteln kräftig ab, so daß das Wasser abtropfen kann.

## Kräuter haltbar machen

In Zeiten des Kräuterüberflusses, im Sommer, werden in altbewährter Weise Teilmengen, wie nachfolgend beschrieben, möglichst schonend für die kräuterarmen Monate konserviert.

### Trocknen

Dies ist das älteste und verbreitetste Verfahren der Kräuterkonservierung. Durch Wasserentzug beim Trocknungsvorgang verlieren die Pflanzen 60 – 90% ihres Gewichts. Das Trocknen darf, abgesehen von Samenkräutern, nicht in der Sonne geschehen. Entweder wird das Schnittgut in kleinen Bündeln in einem luftigen Schuppen kopfunter aufgehängt oder auf Horden gebracht, die bei feinen Blatt- und Blütendrogen mit einem Jutetuch ausgelegt sind. Für 10 m$^2$ Anbaufläche reicht im Sommer im allgemeinen 1 m$^2$ Trocknungsfläche aus.

## Kräutergarten-Praxis

*Kräuter sollten nicht in der direkten Sonne, sondern in luftigen Räumen trocknen.*

*Auch in Kistchen können die Kräuter trocknen.*

Beste Qualitäten lassen sich mit Spezialtrocken-Schränken bei exakt eingehaltenen Temperaturen erreichen.
In den Übergangszeiten ist öfters zusätzliche Nachtrocknung in Backröhren oder geeigneten Elektro-Trocknern notwendig.

Für Pflanzenteile mit ätherischen Ölen dürfen die Trocknungstemperaturen 35 – 40 °C nicht übersteigen, um unerwünschten Verflüchtigungen vorzubeugen.

Wenn die Blätter beim Anfassen rascheln und die Stengel leicht brechen, ist der Trocknungsvorgang abgeschlossen.

Jetzt folgt das Zerkleinern, im allgemeinen mit einem Grobsieb, und das Verpacken in luftdichte Dosen oder Schraubgläsern sowie Etikettieren mit Angaben über Inhalt, Erntejahr und eventuelle Besonderheiten. Sinnvoll sind auch Hinweise für die Verwendung.

# Kräuter haltbar machen

*Einfrieren von Kräutern:*
*1. Die kleingehackten Kräuter werden in Eiswürfelbehälter gegeben.*

Die Wirksamkeit der getrockneten Tee- und Würzkräuter vermindert sich trotz sorgfältiger Lagerung. Deshalb sollten immer nach einem Jahr die Blatt- und Blütendrogen verbraucht und durch neues Erntegut ersetzt werden.

## Einfrieren

Viele Kräuterarten können eingefroren werden. Für das Einfrosten eignen sich außer Petersilie auch Basilikum, Dill, Estragon, Schnittlauch, Melisse und Thymian (siehe auch spezielle Hinweise bei den Kräuterbeschreibungen ab S. 81).
Die frisch geernteten Kräuter müssen nach dem Waschen sorgfältig zwischen zwei Tüchern abgetrocknet werden, bevor man sie weiter verarbeitet.
Nach dem Auftauen muß man die Kräuter rasch verwerten, weil sie schnell weich und wäßrig erscheinen und an Würzkraft verlieren.

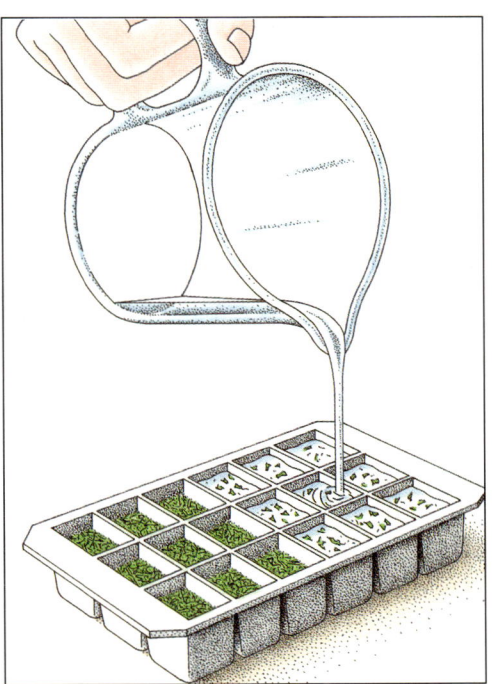

*2. Darauf gießt man etwas Wasser und gibt den Behälter ins Eisfach.*

*3. Die gefrorenen Kräuterwürfel in kleine Behälter oder Beutel verpacken und gekennzeichnet im Gefriergerät lagern.*

Zum Einfrieren selbst gibt es verschiedene Methoden:
- Zerkleinert in Eiswürfelschalen oder im Würfelgitter einfrosten. Die gefrorenen Würfel lassen sich dann in Gefrierdosen aufbewahren.
- Portionsweise einfrieren in Alu-Folie, Kräuter erst vor Gebrauch in der Folie zerdrücken.
- Nicht zerkleinerte Kräuter vorgefrieren in doppelten Folienbeuteln, herausnehmen und schnell mit dem Wellholz zerkleinern, in vorgekühlte Gefrierdosen füllen und in den Tiefkühlschrank zurückgeben.

# Kräutergarten-Praxis

*Zum Einsalzen zerkleinert man frische Kräuter und füllt sie lagenweise mit Salz in Gläser ein.*

## Einsalzen

Zu diesem einfachen, aber seltener gewordenen Verfahren sind die Kräuter fein zu schneiden und lagenweise mit Salz in Gläser oder irdenen Töpfen einzuschichten. Die Kräuter können auch in Mischungen eingesalzen werden, mit je 200 g Salz auf ein Kilogramm Kräutermasse.

## Würzkräuter in Essig und Öl

Frisch gepflückte und gewaschene Kräuter in Weinessig oder Olivenöl muß man vorher entweder durch den Fleischwolf drehen oder fein schneiden. Die vorbereitete Kräutermasse füllt man in Gläser und übergießt mit Weinessig oder Olivenöl, bis sie damit fingerhoch überdeckt ist. Wie bei den Salzkräutern werden die Gefäße anschließend zugebunden und kühl aufbewahrt.

> Für unseren Kräuteressig eignen sich folgende Würzkräuter: Basilikum, Dill, Estragon, Knoblauch, Lorbeerblätter, Minze-Arten, Pimpinelle, Salbei, Schnittlauch, Thymian, Zitronenmelisse und Zwiebel.

*Heilkräuter in Öl, Essig und Wein eingelegt*

*Kräuter können leicht in Öl konserviert werden. Dazu werden die zerkleinerten Kräuter fingerhoch mit Olivenöl bedeckt, das Gefäß zugebunden und kühl aufbewahrt.*

# Verwendung in der Küche

**Die wichtigsten Würzkräuter**: Basilikum, Bohnenkraut, Dill, Estragon, Fenchel, Kerbel, Knoblauch, Liebstöckel, Majoran, Minze, Salbei, Origano, Petersilie, Rosmarin, Schnittlauch, Schnitt-Knoblauch, Sellerie und Thymian.

## Kräutergelee

Durch verschiedene frische Kräuterblätter, z. B. von Rosmarin, Salbei oder Thymian, erhalten Marmeladen und Gelees ein besonderes Aroma. Bevor die Grundmasse richtig kocht, werden die Kräuter zugegeben; nach dem Kochen wird das Ganze durchgeseiht und in Gläser gefüllt.

Eine andere Methode mit Pfefferminze, Petersilie oder Basilikum als Kräuterzusatz sieht vor, daß mit den Kräutern zunächst ein Tee hergestellt wird, den man anstelle des empfohlenen Wasseranteils zusetzt. Kräutergelees werden im allgemeinen mit Äpfeln als Grundmasse zubereitet.

Verwendung: Estragongelee zu Fisch und Huhn, rubinrotes Rosmaringelee zu Truthahn und grünes Basilikumgelee zu Hacksteaks. Thymian gibt man zu Trauben- und Holundergelee, Majoran und Rosmarin zu Zitrusfrüchten (Orangen, Zitronen, Grapefruits) und Minzen zu Stachelbeeren.

Verschiedene Küchenkräuter in Töpfen gezogen

## Kräuterbutter

Ungesalzene, zimmerwarme Butter oder Pflanzenmargarine geben wir mit den fein geschnittenen Kräutern Basilikum, Dill, Estragon, Kerbel, etwas Liebstöckel, Pimpinelle, Zitronenmelisse und Schnittlauch in eine zuvor mit Knoblauch gut ausgeriebene Schüssel, fügen etwas Zitronensaft hinzu und vermischen intensiv mit einem Mixer.

## Kräuter-Dips

Für Kräuter-Dips eignen sich viele aromatische Würzkräuter in beliebigen Mischungen. Wir nehmen 500 g Quark und einen hal-

Kräuter frisch aus dem Garten direkt in die Küche

*Basilikum macht sich gut in Kräuter-Dips.*

Majoran, einem Teelöffel Pfefferkörner und etwas Salz angesetzt. Diese Mischung verbleibt anschließend zehn Tage an einem warmen Standort, dann wird gefiltert und in eine dekorative, schöne Flasche abgefüllt.

### Eigene Gewürzkräutermischung für Pizza, Risotto und Spaghetti

Zu gleichen Teilen werden Origano (Dost), Thymian, Rosmarin, Salbei und Basilikum gemischt und im Mörser zerrieben; schließlich wird etwas Pfeffer zugegeben.

ben Becher Sahne und rühren mit heißem Wasser eine cremige Masse an; dann schneiden wir die Kräuter, z. B. Basilikum, Dill, Knoblauchgrün, Gartenkresse und Portulak, möglichst klein, fügen zwei gehäutete, würfelig geschnittene Tomaten hinzu und schmecken mit den Grundgewürzen Paprika und Kräuteressig ab.

### Kräutermilch

In einen Liter kalte Milch oder Buttermilch geben wir die vorbereiteten Kräuter, insgesamt vier bis fünf Eßlöffel Boretsch, Dill, Estragon, Kerbel, Petersilie, etwas Sellerieblätter und Tripmadam, mixen durch und füllen in Bechergläser.

### Kräuter à la Provence

Ein Liter Olivenöl wird mit einem Eßlöffel in Scheibchen geschnittenem Knoblauch, je einem Eßlöffel Rosmarin, Thymian, Bohnenkraut und

| Verwendung | Kräuter |
|---|---|
| Braten | Basilikum, Beifuß, Bohnenkraut, Estragon, Liebstöckel, Majoran, Paprika, Petersilie, Salbei und Thymian |
| Geflügel | Basilikum, Beifuß, Bohnenkraut, Dill, Liebstöckel, Majoran, Rosmarin, Thymian |
| Fisch | Basilikum, Bohnenkraut, Dill, Liebstöckel, Meerrettich, Petersilie, Rosmarin, Salbei, Sellerie, Senf (gemahlen), Zwiebel |
| Wild | Basilikum, Bohnenkraut, Koriander, Liebstöckel, Majoran, Rosmarin, Thymian |
| Gemüse | Anis, Basilikum, Bohnenkraut, Boretsch, Estragon, Kerbel, Koriander, Liebstöckel, Majoran, Melisse, Petersilie, Salbei, Sauerampfer, Schnittlauch, Weinraute (sparsam), Zwiebelarten |
| Rohkost | Anis, Basilikum, Boretsch, Dill, Estragon, Knoblauch, Liebstöckel, Meerrettich, Melisse, Petersilie, Pimpinelle, Sauerampfer, Schnittlauch, Tripmadam, Zwiebelarten |
| Salate | Basilikum, Bohnenkraut, Boretsch, Dill, Estragon, Fenchelkraut, Melisse, Petersilie, Pimpinelle, Rauke, Sauerampfer, Schnittlauch, Thymian, Tripmadam, Zwiebelarten |
| Soßen | Basilikum, Bohnenkraut, Dill, Liebstöckel, Majoran, Melisse, Origano, Pfefferminze |
| Suppen | Basilikum, Bohnenkraut, Dill, Kerbel, Lauch, Liebstöckel, Paprika, Petersilie, Portulak, Sauerampfer, Sellerie |

## Würzmischungen

Getrocknete Küchenkräuter können gekonnt zusammengestellt werden. „Fines herbes": Basilikum, Bohnenkraut, Kerbel, Majoran, Origano, Rosmarin und Salbei; „Bouquets garnis": drei oder mehrere Würzkräuter (Petersilie, Thymian und Lorbeer) zu einem Kräutersträußchen zusammengebunden.

Die sieben Kräuter für die Grüne Soße: Kerbel, Pimpinelle, Schnittlauch, Petersilie, Boretsch, Kresse und Sauerampfer

## Würzsalz und Pfefferersatz

Für die eigene Herstellung von Würzsalz werden Estragon, Petersilie, Porree, Salbei und Zwiebel fein gemahlen und mit Kochsalz gemischt. Das Gewürzsalz soll kühl im offenen Behälter aufbewahrt werden.
Pfefferersatz erhalten wir durch Mischen von Basilikum und Bohnenkraut zu gleichen Teilen mit Zusatz von Rosmarin – je nach Geschmack.

## Würzen von Brot

Für Fladenbrot und Kräuterbrötchen werden dem Teig folgende Würzen zugesetzt: Fenchel, Koriander, Kümmel, Lein- und Mohnsamen, Rosmarin, Thymian; für Backwaren außerdem noch Anis und Waldmeister.

## Kräuter für die Grüne Soße

Die echte Frankfurter Grüne Soße besteht aus sieben frisch geernteten Kräutern, nämlich Boretsch, Kerbel, Gartenkresse, Petersilie, Pimpinelle, Sauerampfer und Schnittlauch.
Für vier Personen werden etwa 200 g dieser Kräutermischung gewaschen, abgetrocknet und mit Wiegemesser oder Schnittboy zerkleinert. Im Mixaufsatz der Küchenmaschine lassen sich die Kräuter mit etwas saurer Sahne oder Milch cremig schlagen. Hinzugefügt werden je nach Geschmack der Saft einer Zitrone oder etwas Obstessig, 125 g Mayonnaise oder zwei Becher Joghurt, evtl. etwas Salz, Pfeffer, Zucker und Senf. Acht hartgekochte Eier legt man längs halbiert schließlich in die fertige Soße und garniert das Ganze mit einigen frischen grünen Kräutern. Dieses besonders wertvolle Gericht wird zu Kartoffeln, kaltem Fleisch oder Toast angeboten.

Frankfurter Grüne Soße

# Kräutergarten-Praxis

## Verwendung von Küchen- und Heilkräutern

**Rezepte mit Heilkräutern:**

**1 Würzwein:** Zu dessen Herstellung werden eine Handvoll ausgewählter Kräuter auf einen Liter Wein in einen irdenen Topf gegeben (links). Dunkel gestellt zieht der Wein nun für mehrere Tage, dann kann er von den Kräutern abgesetzt werden (rechts).

**2 Frischsaft:** Für die Zubereitung zerkleinert man die frischen gereinigten Kräuter (z. B. Große Brennessel oder Pimpinelle) mit dem Wiegemesser (ganz links) und preßt sie anschließend aus (rechts). Auch zwischenzeitliches Einfrieren (links) ist möglich.

**3 Tinkturen:** Die ausgesuchten Kräuter übergießt man in einer Flasche mit Weingeist (oben links) und läßt sie geschlossen stehen, schüttelt aber öfter (oben rechts). Nach etwa zwei Wochen werden die Kräuter abfiltriert (unten links) und der Weingeist in eine Flasche gefüllt (unten rechts).

**4 Heilsalbe** (von oben nach unten): Frische oder getrocknete Kräuter werden mit

# Verwendung von Küchen- und Heilkräutern

Öl, z. B. Mandelöl, erhitzt und anschließend abgeseiht. Zur Festigung der Salbe schmilzt man Bienenwachs in einem Topf und verrührt es mit dem Kräuteröl.

**Rezepte für die Küche:**

**5 Fines herbes:** Für diese traditionelle französische Kräutermischung werden die getrockneten Kräuter Basilikum, Bohnenkraut, Kerbel, Majoran, Petersilie, Rosmarin und Schnittlauch gemischt und im Mörser fein zerstoßen.

**6 Kräuter einfrieren:** Zerkleinerte Kräuter werden, mit Wasser aufgefüllt, in einer Eiswürfelschale eingefroren.

**7 Kräuter einsalzen:** Die fein geschnittenen Kräuter schichtet man lagenweise mit Salz (200 g Salz auf 1 kg Kräuter) in ein Glasgefäß, bindet dieses zu und bewahrt es kühl auf.

**8 Kräuteröl:** Auf die kleingeschnittenen Kräuter wird Olivenöl gegeben, so daß die Kräuter fingerhoch überdeckt sind.

## Verwendung in der Heilkunde

Bereits in den frühen Hochkulturen war es den Menschen gelungen, heilkräftige und duftende Inhaltsstoffe der Pflanzen als Kräuterauszüge zu gewinnen und diese für Heilzwecke anzuwenden.

**Dekorative Heilkräuter:** Königskerze, Stockrose, Kamille, Ringelblume, Schafgarbe, Frauenmantel, Heiligenkraut, Lavendel, Tripmadam, Nelkenwurz, Mädesüß, Mariendistel und Ysop.

## Kräuteröle

Ohne besondere Mühe lassen sich die bekanntesten Kräuteröle, z. B. aus Pfefferminze, Johanniskraut, Lavendel, Dill, Thymian, Rosmarin und Zitronenmelisse, gewinnen. Die ätherischen Öle sind in fetten Ölen, z. B. Oliven-, Sonnenblumen- oder Mandelöl, löslich und können deshalb extrahiert werden.

Auf einen Liter gutes Speiseöl (bevorzugt wird gerne Olivenöl) geben wir eine Handvoll Kräuter, lassen sie zwei bis drei Wochen in der Sonne durchziehen und schütteln öfters kräftig durch. In dieser Zeit gehen die gewünschten Wirkstoffe in das Öl über. An-

### Wirkungen der wichtigsten Garten-Heilkräuter:

| Wirkungsbereich | Heilkräuter |
| --- | --- |
| Erkrankung der Atemwege (Erkältungen) | Echter Thymian, Gartensalbei, Ysop, Malve, Huflattich, Schwarzer Holunder, Dost, Spitzwegerich, Große Bibernelle, Schlüsselblume, Königskerze, Majoran, Anis |
| Magen und Darm | Echte Kamille, Pfefferminze, Kümmel, Arzneifenchel, Basilikum, Knoblauch, Echter Alant, Liebstöckel, Schafgarbe |
| Appetitanregend und verdauungsfördernd | Dill, Gartenkerbel, Petersilie, Gartensauerampfer, Indianernessel, Pimpinelle, Gartensalbei, Schafgarbe, Tausendgüldenkraut, Koriander, Kresse-Arten, Rosmarin, Echtes Eisenkraut, Anis, Estragon, Beifuß |
| Abführende Wirkung | Leinsamen, Rhizinus |
| Nervenberuhigend und schlaffördernd | Lavendel, Zitronenmelisse, Gemeiner Baldrian, Schwarzer Holunder, Tüpfel-Johanniskraut, Echte Kamille, Lindenblüten, Waldmeister, Zitronenstrauch, Drachenkopf |
| Herz und Kreislauf | Knoblauch, Gemeiner Baldrian, Lavendel, Herzgespann, Rosmarin, Melisse |
| Leber und Galle | Minze-Arten, Schafgarbe, Löwenzahn, Rosmarin |
| Niere und Blase | Gartenkerbel, Petersilie, Estragon, Große Bibernelle, Große Brennessel, Boretsch, Dost |
| Bewegungsapparat | Große Brennessel, Schafgarbe, Ringelblume, Petersilie |
| Wundbehandlung (äußerlich) | Echte Kamille, Schafgarbe, Ringelblume, Beinwell, Echte Aloë |
| Kopfschmerzen | Zitronenmelisse, Schwarzer Holunder, Pfefferminze |

## Verwendung in der Heilkunde

*Kräuterkorb mit Gewürz- und Heilpflanzen*

*Stockrose mit attraktiven Blüten*

gesetztes Johanniskrautöl färbt sich dunkelrot, weil sich aus den Blüten der Farbstoff Hypericin herausgelöst hat.
Anschließend können wir durch ein feines Haarsieb abseihen, dabei die Kräuter auspressen und in attraktive Gläser füllen. Wenn man nach dem ersten Abseihen noch einmal mit frischen Kräutern ansetzt, können Konzentration und Wirksamkeit erhöht werden.
Pflanzenöle eignen sich vor allem zur äußeren Anwendung zum Einreiben und als Massageöl, z. B. Arnika-, Kamillen-, Lavendel-, Rosmarin-, Königskerzenblüten-, Melissen- und Minzenöl. Sie dienen aber auch als Badezusätze und für die natürliche Schönheitspflege, z. B. Kräuteröle aus Ringelblume, Johanniskraut, Eibisch, Bockshornklee und Rosmarin zur Hautpflege.
Zur heilenden Mundspülung verwenden wir am besten Salbei, Minze und Melisse mit Sonnenblumenöl hergestellt, z. B. gegen Zahnfleischerkrankungen, lockere Zähne und Mundgeruch.

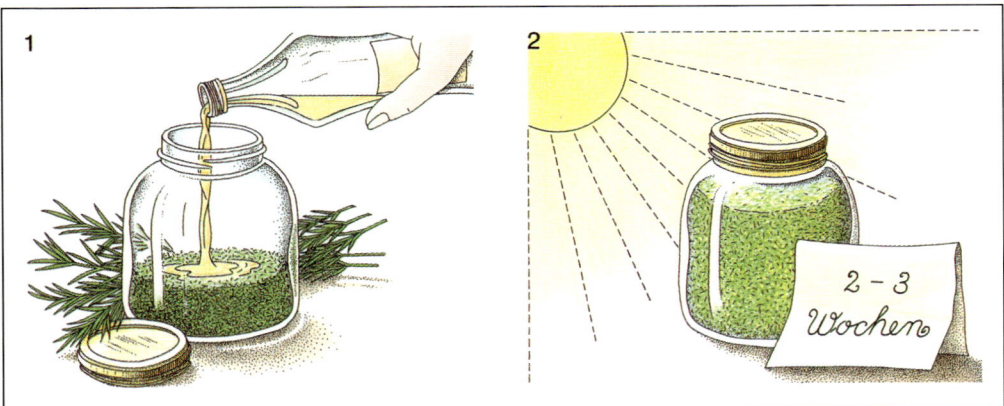

*Massageöl: Kleingeschnittene Kräuter werden mit Olivenöl bedeckt (1) und zwei bis drei Wochen in die Sonne zum Durchziehen gestellt (2); dabei öfter kräftig durchschütteln. Anschließend werden die Kräuter abgeseiht.*

## Kräutergeist

Kräutergeist und Kräuterlikör, selbsthergestellte Magenbitter, sind als Hausmedizin besonders beliebt und bewährt. Nach einer reichlichen Mahlzeit, bei Magenverstimmung oder vielen anderen Anlässen zeigt der Kräutergeist seine verläßliche Wirkung.

Die Herstellung ist im Grunde recht einfach. Man verwendet gerne Likör- oder Weinbrandflaschen mit weiter Halsöffnung, gibt die Kräuter (eine kräftige Handvoll je Liter) hinein und füllt mit klarem Branntwein oder Kornbrand (mindestens 30%ig) auf. Zugekorkt stellen wir dann die Flasche zwei bis drei Wochen an einen sonnigen Platz zum Durchziehen. Zwischenzeitlich öfteres Schütteln ist vorteilhaft. Später folgt Abseihen und Abfüllen in trockene Flaschen.

Kräutergeist läßt sich süß oder ungesüßt beliebig herstellen und lange Zeit lagern. Bevorzugt man Kräuterliköre, wird Zucker in Wasser aufgekocht oder Ahornsirup hinzugefügt.

*Johanniskraut für den Kräutergeist*

Für Kräuterschnäpse sind folgende Kräuter in Mischungen verwendbar: Zitronenmelisse, Liebstöckel, Minze-Arten, Enzianwurzel, Johanniskraut, Schlehenfrüchte, Arnika, Rosmarin, Thymian sowie Kümmel, dazu Ysop und Wermut (in kleinen Mengen).

## Medizinal- und Würzweine

Für die hausgemachten Kräuterweine nehmen wir einwandfreie Weiß-, Rot- oder andere Süßweine und geben je Liter eine Handvoll (ca. 30 – 40 g) der ausgewählten Kräuter in ein Glasgefäß oder irdenen Topf und stellen diese zugedeckt an einen dunklen Platz bei Zimmertemperatur.

Nach mehreren Tagen kann unser selbstgemachter Medizinal- und Würzwein von den Kräutern abgesetzt werden und ist trinkfertig.

Als Kräuter für die selbstgemachten Würzweine eignen sich Waldmeister (in kleinen Mengen), Rosmarin, Basilikum, Zitronenmelisse, Wermut (in kleinen Mengen) und Ysop (in geringen Mengen), Minze-Arten, Salbei, Lavendel, Kamille und andere Kräuter.

Die Haltbarkeit der Medizinal- und Würzweine reicht bei richtigem Ansetzen von mehreren Monaten bei einheimischen Weiß- und Rotweinen bis zu einigen Jahren bei süßen Südweinen.

# Verwendung in der Heilkunde

*Hirtentäschel*

## Frischsäfte aus Kräutern

Am bekanntesten sind Frischsäfte aus Brennnesseln. Als empfehlenswert für Frühjahrskuren gelten zudem Brunnenkresse, Eisenkraut, Pimpinelle und verschiedene Unkräuter, wie z. B. Hirtentäschel, Taubnessel, Odermennig, Löwenzahn und Hopfensprosse. Die gereinigte Pflanzenmasse ist so frisch wie möglich zu verarbeiten. Auch vorübergehendes Einfrieren der Trinksäfte in Eiswürfel ist möglich. Pflanzenfrischsäfte müssen zum Verbrauch immer stark mit Mineralwasser, Milch, Joghurt u. a. verdünnt werden. Preßsäfte nur frisch verwenden.

## Tinkturen, alkoholische Pflanzenauszüge

Zur Tinkturherstellung verwenden wir frisches oder getrocknetes, zerdrücktes oder pulverisiertes Kräuter-Ausgangsmaterial in Flaschen, übergießen mit Weingeist, lassen es zehn bis 14 Tage in geschlossenem Gefäß stehen, schütteln wiederholt, pressen ab, filtrieren und füllen in die Verbrauchsflaschen.
Tropfen der Tinkturen werden zur vorbeugenden oder heilenden Behandlung heißen und kalten Kräutertees zugefügt, meistens aber zur äußeren Anwendung für Kompressen, Fuß- und Armbäder ins Wasser gegeben.

## Kräutersalben, Balsame und Cremes

Heilsalben sind lindernde, leicht ölige oder fettige Substanzen. Zu ihrer Herstellung verwenden wir ebenfalls frische oder getrocknete Kräuter. Auch mit Kräuteröl und Tinkturen lassen sich Salben und Cremes zubereiten (siehe auch S. 76). Dazu werden die Rohstoffe mit Fettsubstanzen, z. B. Lanolin, Mandelöl oder Schweineschmalz, erhitzt und abgeseiht. Mit Bienenwachs wird die Festigung der Salben erreicht.
Eine längere Haltbarkeit ist zu erzielen, wenn nach dem Abfüllen in kleine handliche Gefäße diese mit Paraffin abgedichtet werden. Die selbst hergestellten Heilsalben, Balsame und Cremes müssen im Kühlschrank aufbewahrt werden und sind nur wenige Wochen haltbar.

## Hausmittel Breiumschläge

Kräuterarten, wie z. B. Spitzwegerich, Majoran, Thymian, Knoblauch, aber auch Zwiebeln, Möhren, Kartoffeln oder Weißkohlblätter, zerdrücken und auf sauberem Tuch ausbreiten, um Quetschungen, Prellungen, Verstauchungen u. a. zu heilen. Nicht auf offene Verletzungen geben!

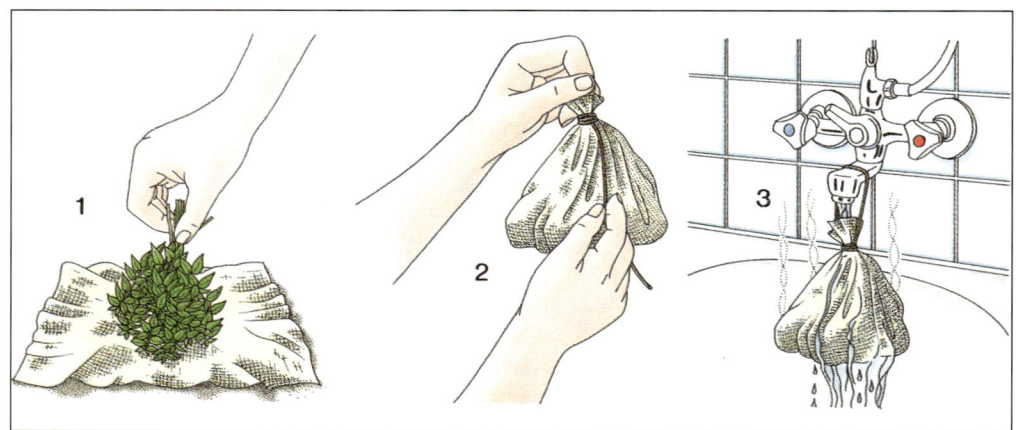

*Badezusatz: Ein Sträußchen Badekräuter gibt man auf ein leichtes, feinfädiges Gewebe, wie z. B. Mull (1), und bindet dies zu einem Beutel zusammen (2). Den Beutel hängt man beim Einlaufen des Wassers direkt unter den Wasserhahn (3).*

### Kräuterbadezusätze – Badekräuter

Mit Kräutern baden ist eine der angenehmsten Anwendungen unserer Heilpflanzen aus dem eigenen Garten. Entweder nehmen wir Einzelkräuter, um bestimmte Wirkungen zu erzielen, oder kombinieren je 100 g Droge im Aufguß für ein Vollbad.

Zur Anwendung kann man auch die Badekräuter auf ein Stück leichtes, feinfädiges Gewebe geben, z. B. Mull oder Musselin, bindet es zu einem kleinen Beutel zusammen und hängt diesen beim Einlaufen des Badewassers direkt unter den Einlaufhahn oder in das Badewasser.

**Badekräuter:**
Baldrian bei Schlaflosigkeit und Nervosität,
Kamille bei Hautleiden und Hämorrhoiden,
Lavendel bei Nervosität und zur Beruhigung, aber auch bei niedrigem Blutdruck,
Melisse bei Nervosität und nervösen Herzbeschwerden,
Rosmarin bei niedrigem Blutdruck,
Thymian bei Atemwegserkrankungen.
Gerne verwendete Kräuter sind ferner: Schafgarbe, Minze-Arten, Goldmelisse.

*Lavendel gibt man wegen seiner beruhigenden Wirkung ins Vollbad.*

# Verwendung in der Heilkunde

## Die wichtigsten Kräuter unserer Hausapotheke

| Deutsche Name (Botanischer Name) | Heilanzeigen | Anwendung | Empfohlene Tagesdosis |
|---|---|---|---|
| Holunder, Schwarzer (*Sambucus nigra*) | Erkältungen, Grippe, schweißtreibend | Teeaufguß von Blüten: 1 TL/Tasse Beerentee: 1 TL/Tasse | Blütentee: 3–5 Tassen Beerentee: 3 Tassen |
| Johanniskraut, Tüpfel- (*Hypericum perforatum*) | Nervosität, Schlaflosigkeit, nervenstärkend | Teeaufguß: 1 TL/Tasse | 2 Tassen (schluckweise) |
| Kamille, Echte (*Chamomilla recutita*) | Magen-Darm-Katarrh, Blähungen, Erkältungen, Bronchitis, Entzündungen | Teeaufguß: 2 TL/Tasse Inhalation | 3 Tassen Rollkur 4–6 Wochen mehrmals inhalieren |
| Minze-Arten (*Mentha-Arten*) | Magen-Darmkatarrh, Verdauungsschwäche, Blähungen, gallefördernd; Öl: bei Neuralgien, Rheuma, Kopfschmerzen | Teeaufguß: 2 TL/Tasse Öl zum Einreiben | 2–3 Tassen nicht länger als 2–3 Wochen hintereinander; nach Gebrauchsempfehlung |
| Rosmarin (*Rosmarinus officinalis*) | Magen-, Darm-, Gallebeschwerden; nicht während der Schwangerschaft anwenden. Bad: Kreislaufbeschwerden, Rheuma | Teeaufguß: 1 TL/Tasse Bad: 50 g in 1 Ltr. Wasser aufkochen | 2 Tassen, früh und abends schluckweise |
| Salbei, Echter (*Salvia officinalis*) | Magen-Darm-Katarrh, Halsschmerzen; nicht über längere Zeit in hoher Dosis einsetzen. | Teeaufguß: ½ TL/Tasse Spülen, Gurgeln: 1 TL/Tasse | 2 Tassen, je eine morgens und abends mehrmals täglich |
| Schafgarbe, Gewöhnliche (*Achillea millefolium*) | Magen- und Bauchschmerzen, Übelkeit, Durchfall, Appetitlosigkeit | Teeaufguß: 2 TL/Tasse | 2–3 Tassen |
| Spitzwegerich (*Plantago lanceolata*) | Husten, Heiserkeit, chronische Katarrhe; Breiumschläge bei Insektenstichen, Quetschungen | Teeaufguß: 1–2 TL/Tasse zerquetschte Blätter als Breiumschläge | 3 Tassen mehrmals täglich |
| Tausendgüldenkraut, Echtes (*Centaurium erythraea*) | Magenschwäche, Verdauungsstörungen, Gallenbeschwerden, Appetitlosigkeit | Teeaufguß: 1 TL/Tasse, auch Kaltauszug | 2 Tassen schluckweise über den Tag verteilt trinken |
| Thymian, Echter (*Thymus vulgaris*) | Bronchitis, Magen-Darm-Katarrh, Erkältungen | Teeaufguß: 1 TL/Tasse Spülungen, Gurgeln | 2 Tassen (schluckweise tagsüber) mehrmals täglich |
| Wermut (*Artemisia absinthium*) | Magenverstimmung, Gallenbeschwerden, Appetitlosigkeit, Blähungen; nicht während der Schwangerschaft anwenden. Größere Mengen sind gesundheitsschädlich. | Teeaufguß: 1/2 TL/Tasse Wein: 15–20 g/0,7 Ltr. Wein | 2 Tassen tagsüber verteilt 1 Likörglas Wein |
| Zitronenmelisse (*Melissa officinalis*) | Nervöse Störungen, Schlaflosigkeit, nervöse Magen-Darm-Beschwerden, Kopfschmerzen | Teeaufguß: 2 TL/Tasse | 1 Tasse morgens 1 Tasse abends |

*Kräutertee: Eine Teekanne wird mit heißem Wasser ausgespült (1). Richtig dosiert werden die Kräuter in ein Teesieb gegeben (2) und mit kochendem Wasser aufgegossen. Zugedeckt fünf bis zehn Minuten ziehen lassen und zum Schluß das Sieb herausnehmen (3).*

## Verwendung in Kräutertees

Der **medizinische Kräutertee** soll höchstenfalls aus vier verschiedenen Kräuterarten bestehen, zusammengesetzt aus der Grundheilpflanze und einer weiteren Art, die evtl. Heilwirkungen verstärken kann. Ergänzend dazu können zum Verbessern von Geschmack und Aussehen zwei weitere Kräuterkomponenten Verwendung finden.

> Bekannte medizinische Kräutertees sind z. B. Bronchialtee mit Thymian, Herzstärkungstee mit Weißdorn, Gallentee mit Wegwarte und Schafgarbe, Tee gegen Magenverstimmung mit Wermut, bei Erkältungen Schwarzer Holunder und Linde, zum Gurgeln Echter Salbei und Echter Kamillentee und zur Nervenberuhigung Baldrian und Melisse.

Für den **Haustee** finden die bekannten milden Heilmittel Echte Kamille, Minze-Arten, Zitronenmelisse, Lindenblüten, Himbeer-, Brombeer- und Erdbeerblätter, Blätter der schwarzen Johannisbeere, Holunderblüten und Hagebutten Verwendung.

An heißen Tagen sind **kalte Teegetränke** ganz vorzügliche Durstlöscher. Als geeignete Kräuter für solche Teegetränke werden z. B. Minze-Arten, Zitronenmelisse, Brombeerblätter, Fenchel, Hagebutten und Holunderblüten sowie unsere bewährten Hausteemischungen empfohlen. Die bekanntesten Zusätze für die Sommerteegetränke sind Zitrone und andere Fruchtsäfte, auch Mineralwasser.

Geschmackliche Ergänzungen und farbliche Verbesserungen von Tees erreichen wir durch Zusätze von z. B. Blättern Schwarzer Johannisbeeren, Holunderblüten, Apfelschalen, Hagebutten, Malven und Schafgarben.

Nach Aufguß und Abseihen können wir den Tee bereits mit etwas Zucker, Honig oder Süßstoff süßen, kaltstellen und vor dem Servieren mit verschiedenen Säften und kleinen Fruchtstücken oder dünnen Scheiben von Ananas oder Orangen sowie Eiswürfeln ergänzen.

## Verwendung in der Naturkosmetik

Die Natur bietet mit ihrem vielfältigen Pflanzenangebot eine Fülle von Wirkstoffen zur Erhaltung des Wohlbefindens, natürlicher

# Verwendung in der Naturkosmetik

Anmut und Schönheit an. In der Naturkosmetik werden einerseits Pflanzen und Pflanzenteile, beispielsweise zerdrückte Beerenfrüchte, Petersilienkraut oder geriebene Möhren für Gesichtspackungen, Brunnenkressesaft sowie Chlorophyllmasken mit verschiedenen Kräuterarten für Gesichtswasser, frisch direkt verwendet. Überwiegend jedoch erfolgen die Anwendungen mit vorher aufgearbeitetem Pflanzenmaterial.

In jedem Falle sollten folgende Grundregeln der Naturkosmetik beachtet werden, um Mißerfolgen und Enttäuschungen vorzubeugen:

❀ Nur gesundes Pflanzenmaterial aus naturgemäßem Anbau verwenden. Keine Sammelkräuter von Grundstücken in Verkehrs- und Industrienähe.

❀ Nur qualitativ hochwertige Zusatzstoffe aus Apotheken und Drogen-Fachgeschäften verwenden.

❀ Es sind im allgemeinen keine Schnelleffekte bei naturkosmetischen Behandlungen zu erwarten. Erfolge, die sich jedoch erst nach wiederholter, dauernder Anwendung einstellen, halten zumeist auch längerfristig an.

❀ Weil keine Konservierungsstoffe zugesetzt werden, sind z. B. Salben, Cremes und Balsame, selbst bei Aufbewahrung im Kühlschrank, nur begrenzt haltbar. Deshalb immer nur auf den Bedarf abgestimmte Mengen herstellen und unbedingt frisch verwenden. Weder eigener biologischer Anbau noch peinlichste Sauberkeit bei der Herstellung können die Entwicklung von Bakterien und Pilzen schon in wenigen Tagen verhindern, wenn keine Konservierungsmittel eingesetzt werden.

❀ Als Behälter geeignete, ansprechende Gefäße aus Glas, glasierter Keramik oder Steingut wählen. Alle Metalle, auch beschichtete Materialien, können von Inhaltsstoffen der Kosmetika angegriffen werden.

## Grundrezepte der Naturkosmetik

### Ringelblumen-Salbe:

200 g Schweineschmalz in einem Topf bei niederen Temperaturen schmelzen, eine Handvoll Ringelblumenblüten zufügen, gut durchrühren und erkalten lassen. Nach 24 Stunden erneut schmelzen, durch ein Tuch sieben und in weithalsiges Gefäß abfüllen.

### Holunderblüten-Creme für glatte, weiche Haut:

150 ml Mandelöl (oder anderes Öl) mit vier Teelöffeln Lanolin erwärmen, zwei Eßlöffel getrocknete Holunderblüten zufügen, etwa 30 Minuten bei schwacher Hitze erwärmen lassen, einen Teelöffel Honig ergänzen, abkühlen und abfüllen.

*Holunderblüten für das Creme-Rezept trocknen.*

# Kräutergarten-Praxis

**Kräuter-Lotion:**
Eine Handvoll frische Kamillen-, Holunder- oder Lindenblüten in 75 ml Milch, Buttermilch oder Molke drei Stunden einweichen, danach abseihen, erwärmen, einen Teelöffel Honig darin auflösen und abkühlen lassen. Die Haltbarkeit im Kühlschrank beträgt etwa eine Woche.

**Arnika-Tinktur:**
Auf eine kräftige Handvoll frische Arnikablüten wird in eine Flasche ein halber Liter 40%iger Alkohol gegeben und diese dicht verschlossen 14 Tage lang in einem warmen Raum stehengelassen. In dieser Zeit ist die Flasche mehrmals zu schütteln, dann abseihen und den Rückstand kräftig auspressen.

**Kräuterpackung:**
Eine Handvoll frischer Kräuter wie Thymian, Pimpinelle, Petersilie, Rosmarin und Brunnenkresse mit einem viertel Liter siedend heißer Milch überbrühen. Die Kräuter auf einer breiten, mit der Milch getränkten Binde verteilen, den Kräuterumschlag auf die Hautpartien, z. B. Halspartie, geben und etwa 15 Minuten einwirken lassen.

## Dekoratives mit Kräutern

An ausgesuchten Beispielen soll die Mannigfaltigkeit im Umgang mit aromatischen Kräutern aufgezeigt und zum ideenreichen Weiterentwickeln der praktischen Duftanwendung animiert werden.
Wenn wir die im Frühjahr und Sommer reichhaltig angebotenen Düfte des Gartens geschickt konserviert haben, können wir nunmehr Blatt- und Blütenaromen zu Duftgebilden für Geschenke verarbeiten oder unser Wohnumfeld – besonders in der Winterzeit – „duftvoller" gestalten.

### Duftende Kissen und Säckchen

Für Duftkissen und Duftsäckchen nähen wir zerkleinerte, intensiv und angenehm duf-

*Duftsäckchen: Die Kräuter müssen zunächst trocknen (1). Dann füllt man sie in die vorgesehenen Duftsäckchen (2) und erhält schöne Geschenke (3).*

# Dekoratives mit Kräutern

tende, getrocknete Kräuter in Leinen, Seide oder andere luftdurchlässige Stoffe ein. Geschickt das Stoffmuster gewählt und figürlich zugeschnitten, auch als Schlafrollen, lassen sich damit attraktive persönliche Geschenke herstellen. Praktisch sind zusätzliche Stoffüberzüge, die leicht gewechselt und gewaschen werden können. Duftkissen können wir auch auf Reisen mitnehmen und die kleinen Duftsäckchen umgehängt täglich tragen.

Getrocknete Kräuter, wie z. B. Lavendel, Origano, Salbei, Kamille, Rosmarin u.a., für ein Potpourri

## Schlafkissen

Duftende Schlafkissen enthalten vor allem Lavendel, Zitronenmelisse, Fenchel, Dill, Zitronen-Thymian, Minze-Arten, Heublumen, Hopfen und etwas Baldrian.
Durch die abgegebene Körperwärme verflüchtigen sich die ätherischen Öle, werden unmittelbar eingeatmet und können zu entspannendem Schlaf führen.

## Kräuter für Duftkissen

Rosenduftkissen enthalten Rosenblätter, die mit Minze und etwas Nelkenpulver gemischt werden.
Zitronenduftkissen sind gefüllt mit Zitronenmelisse, Zitronen-Thymian, Zitronenkraut und ganz wenig Baldrian. Farnduftkissen helfen gegen Hexenschuß und Ischias; Duftkissen aus Heublumen bringen Linderung bei Krämpfen der Verdauungsorgane. Belebend wirken Rosmarin, Eberraute, Salbei, Ysop und Dost im Duftkissen.

## Mottensäckchen

Duftbeutel, auch Mottensäckchen genannt, enthalten getrocknete Eberraute, Waldmeister, Minze, Rosmarin, Lavendel und Thymian zur Abwehr von Motten in Kleiderschränken. Sie bringen zwischen die Wäsche gelegt, angenehmen Duft.

## Potpourris

Potpourris sind bunte, duftende Mischungen aus getrockneten Kräutern in formschönen Gläsern. Je nach gewünschten Duftnoten und Farbeffekten können persönliche Akzente gesetzt werden mit folgenden Blütendüften: Rosen, Nelken, Heliotrop, Kamille, Holunder, Lavendel, Linde, Ysop, Ringelblume, Kornblume, Indianernessel, Edeljasmin, Muskateller-Salbei und Goldlack. Von den Blattduftern haben sich bewährt: Minze-Arten, Melisse, Waldmeister, Duft-Pelargonien, Rosmarin, Salbei, Thymian, Estragon, Basilikum, Zitronenkraut und Reseda. Den Duftpflanzenzusammenstellungen kann man zwei bis drei Eßlöffel (je Liter Gemisch) Duftverstärker beimischen, wie z. B. gemahlenen Anissamen, Gewürznelken, Kastanien, Koriander, geriebene Muskatnuß, Zimtstangen und Schalen von Zitrusfrüchten. Potpourris schmücken unsere Räume, und sommerlicher Duft verströmt, wenn wir die Deckel der Gefäße lüften.

# Kräutergarten-Praxis

*Potpourri: Nach Belieben Blüten- und Blattdufter (1) zusammenstellen und mit Duftverstärkern (2) mischen – das Ganze in ein schönes Glas füllen. Beim Anheben des Deckels wird der wunderbare Duft verströmen.*

**Bunte Potpourris:**
**Grün** durch Blätter von Duft-Pelargonien, Eberraute, Lorbeer, Melisse, Minze-Arten, Rosmarin, Salbei, Waldmeister, Zitronenstrauch, Zitronen-Thymian.
**Weiß** durch Blüten von Edeljasmin, Gartennelken, Maiglöckchen, Rosen, Schleifenblume, Weißer Steinklee.
**Blau** durch Blüten von Boretsch, Drachenkopf, Duft-Veilchen, Heliotrop, Katzenminze, Lavendel, Rosmarin, Ysop.
**Rot und Rosa** durch Blüten von Dost, Edelgamander, Malven, Nelken, Rosen.
**Gelb** durch Blüten von Duftsteinrich, Echter Kamille, Gartenreseda, Gelber Steinklee, Rosen.

## Duftbecher

Duftbecher stellt man mit frischen Aromakräutern in einem dicht verschließbaren Gefäß her. Bevorzugt werden dabei frische Blätter der Eberraute, Rosen- und Resedablüten, Salbei, Ysop, Lavendel- und Goldlackblüten, Thymian, geriebene Zitronenschalen und Gewürznelken sowie Iriswurzelpulver (in Apotheken erhältlich) als Fixiermittel mit etwas reinem Alkohol. Danach muß das Duftgefäß einige Wochen dunkel stehen, bevor wir das Bouquet der belebenden Aromakräuter nützen und genießen können.

## Duftkugeln

Duftkugeln oder Duftbälle, auch zum Aufhängen im Wohnbereich, basteln wir aus feinem Maschendraht und füllen Torfmoos ein. Auf solche Kugeln lassen sich aromatische Kräuter, z. B. wie sie bei den Potpourris (siehe S. 79) und dem Duftbecher genannt sind oder ausgewählt nach eigenem Gutdünken, einstecken.

# Kräuter-Portraits

# Kräuter-Portraits

In unseren Kräutergärten kultivieren wir im allgemeinen nur Arzneipflanzen für milde Heilmittel, viele beliebte Würzkräuter für die Küche und angenehm duftende Aromapflanzen.

Angeordnet in alphabetischer Reihenfolge ihrer botanischen Namen wird in den Beschreibungen der Kräuter darauf hingewiesen, ob es sich um holzige mehrjährige oder ein- bzw. zweijährige Arten handelt. Die angegebenen Wuchshöhen sind eine Hilfestellung für die artgerechte Anordnung des Standortes im Garten.

> Bei den Kräuterbeschreibungen werden auch Hinweise zur Naturheilkunde gegeben. Nur auf die beschriebenen Arten trifft die angegebene Verwendung zu, ihr Gebrauch setzt ihre sichere Bestimmung voraus.

> Heilpflanzentees sollten immer nur eine beschränkte Zeit und nicht länger als nötig eingenommen werden, auch Hausteemischungen öfter wechseln. Behandelt werden sollten unbedingt nur leichte Gesundheitsstörungen, die keiner ärztlichen Behandlung bedürfen. Die heilkundlichen Hinweise in diesem Buch können den Arztbesuch nicht ersetzen.

## Schafgarbe

*Achillea millefolium*
Familie: Korbblütler

Heilpflanze mit ähnlichen Wirkungen wie die Echte Kamille (siehe S. 99).
**Merkmale:** Mehrjährig; bis 60 cm hoch; ab Juni weiße, zuweilen rötlichweiße Blüten in Doldenrispen; schwach duftend.
**Inhaltsstoffe:** Ätherisches Öl, teilweise mit Proazulen, Bitter- und Gerbstoffe, Flavonoide.
**Kultur:** Sonnige Standorte, sonst anspruchslos; Aussaat im Frühjahr in Reihen mit etwa 40 cm Abstand sowie Vermehrung durch Teilen älterer Pflanzen. Rot- und gelbblühende Gartensorten sind weniger heilkräftig. Mischkultur mit allen staudenartigen Kräutern.
**Ernte:** Junges Kraut ab Mai, Blüten oder blühendes Kraut von Juni bis Oktober.
**Küchenverwendung:** Zarte Frühjahrsaustriebe und Blätter frisch als Salate.
**Naturheilkunde:** Krampflösende und entzündungshemmende Eigenschaften wie Kamille, gegen Appetitlosigkeit und bei leichten, auch krampfartigen Magen-, Darm- und Gallenbeschwerden.

> Schafgarbe kann bei Menschen mit einer bekannten Allergie gegen Korbblütler Allergien verursachen, dann darf die Pflanze nicht verwendet werden.

**Naturkosmetik:** Wirkt reinigend und beruhigend bei fettiger, großporiger Haut. Anwendung auch in der Haarkosmetik.

*Schafgarbe*

# Zwiebel

*Allium cepa* u. a.
Familie: Liliengewächse

Uralte Kulturpflanze.
**Merkmale:** Ein- oder mehrjährige Würzpflanzen; 20 – 80 cm hoch. Blätter werden als Schlotten bezeichnet, die äußeren, trockenen Schalen der Zwiebeln sind bräunlich, rot oder weiß gefärbt.
**Inhaltsstoffe:** Schwefelhaltige Verbindungen wie in Knoblauch, aber andere Zusammensetzung und Konzentration, Mineralstoffe, Vitamin C.
**Kultur:** Die Zwiebelarten lieben sonnige Standorte und leichtere humushaltige, nicht frisch gedüngte Böden; zusätzliches Düngen ist meist nicht erforderlich.

Mischkultur möglich mit Möhren, Kopfsalat und Kohlrabi.

*Allium ascalonicum* = **Schalotten,** Vermehrung durch Steckzwiebeln (Abstand 20 × 10 cm), neuerdings auch Aussaat (Abstand 25 × 15 cm) möglich.
*Allium cepa* = **Speisezwiebel,** Aussaat (Abstand 15 – 20 × 10 cm) und Steckzwiebel (Abstand 20 × 10 cm).
*Allium cepa* var. *viviparum* = **Luft- oder Etagenzwiebel,** Vermehrung durch Brutzwiebelchen oder Teilung möglich.
*Allium fistulosum* = **Winterheckzwiebel,** Vermehrung durch Teilung, auch Aussaat ist möglich.

**Ernte:** Speisezwiebel werden im ersten Jahr nach Abschluß des Wachstums geerntet (nach dem Trocknen der Blätter auf dem Beet) und in Bündeln zum Trocknen aufgehängt. Alle Zwiebelarten liefern Schlotten zur Frischernte.
**Küchenverwendung:** Vielseitig frisch oder getrocknet für nahezu alle Kochgerichte, Suppen, Soßen, Rohkost und Salate.

**Naturheilkunde:** Appetitanregend und verdauungsfördernd, harntreibend und sekretionsanregend, bei Erkältungskrankheiten gegen Husten.
**Naturkosmetik:** Verdünnte Tinktur (siehe S. 73) bei Haarausfall, unreiner Haut (mit Vorsicht anwenden!).

*Zwiebeln*

*Luft- oder Etagenzwiebeln*

*Knoblauch*

## Knoblauch

*Allium sativum*
Familie: Liliengewächse

Sehr alte Kulturpflanze. Die ganze Pflanze riecht durchdringend stark und charakteristisch.
**Merkmale:** Um eine Hauptzwiebel sind die gebogenen Nebenzwiebeln, die sogenannten Zehen, angeordnet; 30 – 70 cm hoch.

> *Allium sativum* var *ophioscorodon* = **Rocambole, ital. Knoblauch,** Feinschmekker-Knoblauch, die kleinere und feinere Form von Knoblauch.

**Inhaltsstoffe:** Schwefelhaltige Verbindungen wie Alliin, das z. B. beim Zerkleinern zu dem geruchsintensiven Allicin abgebaut wird, Vitamine A, B und C, Mineralstoffe.
**Kultur:** Sonniger Stand und humusreiche, nahrhafte, nicht frisch gedüngte Böden. Vermehrung durch Zehen im Frühjahr oder Herbst (bis Oktober) in Reihen mit etwa 20 cm Abstand und in der Reihe 15 cm Zwischenraum. Verwendet man zur Vermehrung Brutzwiebeln, die neben den meist unfruchtbaren Blüten gebildet werden, dauert die Kultur zwei Jahre bis zur Ernte.
Kultur im Gefäß möglich.

> Knoblauch kann gut mit Gurken, Kartoffeln, Kopfsalat, Möhren, Rote Bete, Spinat und Tomaten angebaut werden.
> Kombinationen mit Busch- und Stangenbohnen, Erbsen, Kohlarten sowie Kohlrabi sollten vermieden werden.

**Ernte:** Nach Abwelken des Laubes den Knoblauch aus dem Boden nehmen und einige Tage in der Sonne trocknen lassen, dann in Bündeln luftig aufhängen zum Nachreifen.
**Küchenverwendung:** Frisches Kraut als feines Würzmittel wie Schnittlauch; Zehen vielseitig zu Kochgerichten, Soßen, Suppen, Salaten; auch Konservieren in Essig und Öl ist möglich.
**Naturheilkunde:** Verdauungsfördernd, darmdesinfizierend, blutdrucksenkend, zur Vorbeugung gegen Alterserscheinungen. Äußerlich: Mit Mineralwasser, Milch, Joghurt oder Kefir verdünnter Preßsaft bei Hautleiden (mit Vorsicht!).

## Schnittlauch

*Allium schoenoprasum*
Familie: Liliengewächse

**Merkmale:** Mehrjährig; 20 – 30 cm hoch; Pflanze riecht zwiebelig-lauchartig.
**Inhaltsstoffe:** Wie Speisezwiebel (siehe S.83).
**Kultur:** Sonnige und halbschattige Standorte, nährstoffhaltige, auch feuchtere und kalkhaltige Böden; Vermehrung durch Aussaat in Reihen mit 25 cm Abstand und Tei-

# Bärlauch

*Schnittlauch*

*Schnitt-Knoblauch*

lung, Pflanzabstände 20 × 20 cm; Wurzelballen zum Treiben im Topf geeignet (siehe S. 58).
Kultur im Gefäß möglich.

Mischkultur möglich mit Möhren und im Kräutergarten mit allen Staudenartigen. Ungünstig ist die Kombination mit anderen Zwiebelarten.

**Ernte:** Frisch als Schnittgrün ab April aus dem Freiland; Konservieren durch Frosten und Trocknen.
**Küchenverwendung:** Überwiegend frisch für Salate, Suppen, Soßen, Quark, Fleisch, Eier, Kartoffeln – nicht mitkochen!
**Naturheilkunde:** Appetitanregend, verdauungsfördernd.

## Schnitt-Knoblauch

*Allium tuberosum*
Familie: Liliengewächse

**Merkmale:** Mehrjährig; 20 – 30 cm hoch; Pflanze riecht zwiebelig-knoblauchartig.
**Inhaltsstoffe:** Schwefelhaltige Verbindungen wie in der Zwiebel (siehe S. 83).

**Kultur:** Sonnige Standorte, humose, durchlässige Böden; Aussaat in Reihen mit 25 cm Abstand. Pflanzen ziehen im Herbst ein, Topfkultur mit Antreiben, ähnlich wie beim Schnittlauch (siehe S. 58), ist ab Januar möglich.
Kultur im Gefäß ist möglich.
Mischkultur wie beim Schnittlauch.
**Ernte:** Nur frisch ab Juli als Schnittgrün.
**Küchenverwendung:** Beliebtes Würzkraut mit Zwiebel- und feinem Knoblauchgeschmack, geeignet für Rohkostgerichte, Salate, Kartoffel- und Eierspeisen, als Brotbelag mit Käse oder Quark.
**Naturheilkunde:** Wie Knoblauch und Speisezwiebel.

## Bärlauch

*Allium ursinum*
Familie: Liliengewächse

Die ganze Pflanze riecht, besonders nach der Blüte, intensiv nach (Knob)-Lauch.
**Merkmale:** Mehrjährig; bis 50 cm hoch; weiße Blüten ab April bis Juni; weißliche Zwiebeln, bis etwa 6 cm lang, mit wenig Nebenzwiebeln (Abbildung, siehe S. 86).

*Bärlauch*

**Inhaltsstoffe:** Schwefelführende Verbindungen wie im Knoblauch in anderer Zusammensetzung und schwächerer Konzentration.
**Kultur:** Halbschattige Standorte, humose Böden; Aussaat im Frühjahr.
**Ernte:** Zur frischen Verwendung fortlaufend jeweils nur einzelne Blätter bis zur Blüte, um die Pflanzen im Bestand zu schonen. Die Ernte der Blätter zum Trocknen für Tee erfolgt vor der Blüte bis Mai.
**Küchenverwendung:** Junge Blätter vor der Blüte wie Knoblauch; feingehackt zu Salaten, Soßen, Suppen und Gemüse. Der Geschmack ist milder als beim Knoblauch.
**Naturheilkunde:** Ähnlich wie Knoblauch, bevorzugt bei Verdauungsbeschwerden und Appetitlosigkeit. Äußerlich bei Hautleiden (mit Vorsicht!).

## Echte Aloe

*Aloë vera (Aloë barbardensis)*
Familie: Liliengewächse

**Merkmale:** Mehrjährige, sukkulente Pflanze mit fleischigen, am Rande stacheligen Blättern, die einen bitteren, gelben schleimigen Saft enthalten; bis 60 cm hoch.

> Für *A. saponaria* und andere Aloe-Arten sind ähnlich heilkräftigende Wirkungen wie für die Echte Aloe nachgewiesen.

**Inhaltsstoffe:** Anthrachinone, Schleimstoffe.
**Kultur:** Anspruchslose Zimmerpflanze! Mäßig gießen und düngen. Im Sommer im Kräutergarten auspflanzen (je nach Größe in einem Abstand von 40 – 50 cm), sonniger Standort, Eintopfen vor den ersten Frösten. Im Winter wenig gießen. Vermehrung durch Ableger.
**Ernte:** Immer die untersten Blätter abschneiden, sie halten sich einige Tage im Kühlschrank frisch.
**Naturheilkunde:** Schmerzlindernde, entzündungshemmende und wundheilungsfördernde Wirkung; Schleim äußerlich gegen Insektenstiche, Sonnenbrand, kleinere

*Echte Aloe* (Aloë vera)

*Aloë saponaria*

*Zitronenstrauch*

Hautverletzungen, auch bei Muskelkrämpfen, Gelenkschmerzen und Arthritis einsetzbar.
**Naturkosmetik:** Bestandteil zahlreicher feuchtigkeitsspendender Salben und Kosmetika. Bei Selbstbehandlungen werden die Seitenstacheln weggeschnitten, die Blätter aufgetrennt und aufgelegt oder der Schleim auf der Hautfläche verteilt.

# Zitronenstrauch

*Aloysia triphylla*
Familie: Eisenkrautgewächse

Andere Namen sind Zitronenverbene und Zitronelle.
**Merkmale:** Strauch; nicht winterhart; bis 2 m hoch; strauchigwachsend; Blütezeit ab Juni bis Herbst, vor allem Blätter duften erfrischend nach Zitrone.
**Inhaltsstoffe:** Ätherisches Öl mit Geranial und Neral, Flavonoide, Mineralstoffe.
**Kultur:** Helle Standorte als Kübelpflanze; Auspflanzen, meist als Einzelpflanze, im Sommerhalbjahr in den Kräutergarten. Vermehrung durch Stecklinge, auch Absenker. Mäßig gießen und düngen. Frostfrei überwintern und jährlich zurückschneiden.
**Ernte:** Frische Blätter und junge Triebe nach Bedarf, nicht im Winter; im Spätsommer abschneiden zum Trocknen, luftdicht verschlossen lagern.
**Küchenverwendung:** Zum Aromatisieren von Süßspeisen, Gebäck und Obstsäften; getrocknet auch in Duftkissen.
**Naturheilkunde:** Tee bei leichten Verdauungsstörungen und Nervosität, zur Geschmacksverbesserung von Arzneiteemischungen. Nur in kleinen Mengen und nicht über längere Zeit anwenden!
**Naturkosmetik:** Erfrischender Badezusatz.

# Echter Eibisch

*Althaea officinalis*
Familie: Malvengewächse

Schöne, unter Naturschutz stehende Wildstaude mit weißen oder rosa Blüten von Juni bis September. Wird auch Samtpappel genannt.
**Merkmale:** Mehrjährig; bis 1,5 m hoch; schwacher Duft (Abbildung, siehe S. 88).

*Echter Eibisch*

*Blühender Dill*

**Inhaltsstoffe:** Schleimstoffe, in den Blättern auch Spuren von ätherischem Öl.
**Kultur:** Sonnige, warme Standorte, bevorzugt feuchte, auch schwere Böden, insgesamt anspruchslos. Vermehrung durch Teilung und Aussaat im Frühjahr, auf genügend weiten Standraum (mindestens 80 × 50 cm) achten.
**Ernte:** Blüten während des Sommers, Blätter von Mai bis Juli, Wurzeln von Oktober bis April. Aufbewahrung der Wurzeln und Blätter getrocknet in Gläsern oder Dosen.
**Naturheilkunde:** Erkrankungen der Atmungsorgane, Husten, Heiserkeit, Magen- und Darmkatarrh.
**Naturkosmetik:** Salbe hat reizlindernde und glättende Wirkung bei rissiger, entzündeter Haut, auch bei Hautunreinheiten.

# Dill

*Anethum graveolens*
Familie: Doldenblütler

Dill ist eine Pflanze mit charakteristischem Duft und Eigengeschmack, der Samen schmeckt kümmelartig.
**Merkmale:** Einjährig; bis 1,2 m hoch; gelbe Blüten von Juni bis August.
**Inhaltsstoffe:** Ätherisches Öl, Schleimstoffe, Harze, Gerbstoffe.
**Kultur:** Sonnige Standorte, warme, humose Böden. Aussaat in Reihen mit 0,25 m Abstand ab April mit mehreren Folgesätzen, etwa alle drei bis vier Wochen. Zur Ertragssicherheit ist ein jährlicher Standortwechsel erforderlich. Kultur im Topf möglich.

*Samen des Dills*

Schnecken meiden Dill, wichtig für Mischkulturen (mit Busch- und Stangenbohnen, Erbsen, Gurken, Grünspargel, Kartoffeln, Kohlarten, Kohlrabi, Kopfsalat, Mairüben, Möhren, Rote Bete, Sellerie, Tomaten und Zwiebeln).

**Ernte:** Die erste Ernte von Blättern und Trieben erfolgt bereits vier bis sechs Wochen nach Aussaat und kann bis zum Frosteintritt im Herbst erfolgen.

**Küchenverwendung:** Frisches Kraut, auch getrocknet und gefrostet, für Salate, Gemüse, Suppen, Soßen, Rohkost, Tomaten, Fisch, Fleisch und als Gurkengewürz; Samen wie Kümmel zum Würzen geeignet.

**Naturheilkunde:** Appetitanregend, verdauungsfördernd, krampflösend.

# Echte Engelwurz

*Angelica archangelica*
Familie: Doldenblütler

Die Pflanze riecht kräftig-würzig, die grünlichweißen Blüten duften nach Honig.

**Merkmale:** Zweijährig; bis 2 m hoch; Blüten im Juli/August.

**Inhaltsstoffe:** Ätherisches Öl, Bitterstoffe, Cumarinderivate.

**Kultur:** Sonnige, auch halbschattige Lagen, nahrhafte, tiefgründige Böden, genügend feucht; braucht ausreichenden Standraum im zweiten Jahr (60 × 50 cm). Aussaat im Spätsommer in Reihen, Abstand mindestens 50 cm. Ab und zu düngen mit Kompostgaben.

**Ernte:** Ab Juni frische Triebe, ab Herbst des zweiten Jahres, wenn die Pflanze schon abgestorben ist, Wurzelstöcke. Getrocknet in Gläsern aufbewahren.

**Küchenverwendung:** Frische Blätter und Blattstiele zum Würzen von Suppen, Soßen, Salaten; Wurzeln für Tee, Likör und Kräutergeist.

**Naturheilkunde:** Tee bei Magen- und Darmstörungen, wie z. B. Völlegefühl, Blähungen, auch leichten krampfartigen Beschwerden, Appetitlosigkeit.

Für die Dauer der Anwendung von Echter Engelwurz keine längeren Sonnenbäder wegen der lichtsensibilisierenden Inhaltsstoffe.

*Echte Engelwurz*

*Wurzel der Echten Engelwurz*

# Kräuter-Portraits

*Gartenkerbel nichtblühend*

*Gartenkerbel blühend*

## Gartenkerbel

*Anthriscus cerefolium*
Familie: Doldenblütler

Kerbel ist ein aromatisches, süß-anisartig schmeckendes Würzkraut.
**Merkmale:** Einjährig; bis 70 cm hoch; weiße Blüten ab Mai, schwach duftend.
**Inhaltsstoffe:** Ätherisches Öl mit Estragol, Glykosid Apiin, Bitterstoffe.
**Kultur:** Sonnige, bis halbschattige Standorte, lockere, mäßig feuchte Böden; Aussaat in Reihen mit mindestens 15 cm Abstand mit mehreren Folgesätzen ab März. Auch in Kästen und Töpfen kultivierbar.

> Günstige Kultur mit Buschbohnen, Endivien, Kopfsalat, Radieschen und Rettich.

**Ernte:** Erste Ernte der jungen Triebe, Blätter und Blüten ab Mai bis Dezember. Am besten nur frisch verwenden.
**Küchenverwendung:** Frisches Kerbelgrün, auch gefrostet oder getrocknet, für Suppen, Soßen, Quark, Eierspeisen, Kartoffeln, Kräuterbutter und Käse. Nicht mitkochen!
**Naturheilkunde:** Appetitanregend, blutreinigend und stoffwechselfördernd (Frühjahrskur), harntreibend.
**Naturkosmetik:** Gesichtspflege durch Waschen mit Absud.

## Meerrettich

*Armoracia rusticana*
Familie: Kreuzblütler

Meerrettich ist in Mitteleuropa seit dem 12. Jahrhundert eingebürgert.
**Merkmale:** Mehrjährig, jedoch meist einjährig kultiviert; in Blüte bis 1,2 m hoch; mit starken Hauptwurzeln und dünneren Nebenwurzeln, als Fechser zur Vermehrung geeignet. Geschmack der Wurzeln scharfbeißend.
**Inhaltsstoffe:** Senfölglykoside Sinigrin und Gluconasturtiin, Vitamin C, Mineralstoffe.
**Kultur:** Sonnige bis halbschattige Standorte, nahrhafte, tiefgründige, genügend feuchte Böden, mäßige Kompostgaben. Zur Gewinnung von Stangen-Meerrettich 15 – 20 cm lange Fechser aus dünnen Nebenwurzeln ab März auslegen (etwa 30 – 40 cm Abstand in der Reihe), mehrmaliges Abreiben der Nebenwurzeln mit einem Lappen im Sommer,

damit sich an der Hauptwurzel schöne Stangen bilden. Mulchen ist vorteilhaft.

Zweckmäßig ist die Kultur mit Kartoffeln.

**Ernte:** Wurzeln im Herbst herausholen und im Keller in Sand einschlagen, um bei Bedarf verfügbar zu haben.
**Küchenverwendung:** Wurzeln frisch gerieben, auch diese frosten. Mit Sahne delikate Würze für Fleisch- und Fischgerichte, Tomaten und Quark; wird außerdem zur Senfherstellung verwendet, Wurzelstücke zum Einlegen für Sauerkonserven.
**Naturheilkunde:** Verdauungsfördernd, harntreibend, nur mit Vorsicht bei Magenkranken! Bei äußerlicher Anwendung gegen Hautleiden ist wegen stark hautreizender Wirkung ebenso Vorsicht geboten!

# Bergarnika

*Arnica montana*
Familie: Korbblütler

Geschützte Pflanze, Abbildung auf S. 92!
**Merkmale:** Mehrjährige Staude; bis 60 cm hoch; ab Juni orangegelbe Blütenkörbchen, brauner Wurzelstock.
**Inhaltsstoffe:** Sesquiterpenlactone, Flavonoide, ätherisches Öl.
**Kultur:** Sonnige Lagen, nicht zu trockene, kalkarme bis neutrale Böden. Bei längeren Trockenzeiten vor der Blüte gießen, keine zusätzliche Düngung erforderlich. Aussaat im Frühjahr des Folgejahres mit jungem Saatgut (auch selbstgeerntet) in Reihen mit 30 cm Abstand und geschützter Vorkultur ab Februar.

Mischkultur möglich mit schwächerwachsenden ein- und mehrjährigen Kräutern.

**Ernte:** Blüten ab Juni; Wurzelstöcke ab September zum Trocknen.
**Naturheilkunde:** Entzündungshemmend

*Meerrettich blühend*

*Meerrettichwurzeln*

## Kräuter-Portraits

*Bergarnika*

*Eberraute*

und wundheilend antirheumatisch. Nur zur äußerlichen Anwendung als Salbe bei Verstauchungen, Prellungen, Blutergüssen, Insektenstichen und zur Förderung der Wundheilung. Überempfindlichkeitsreaktionen sind möglich!
**Naturkosmetik:** Begünstigt Heilprozesse bei unreiner Haut, verbessert Durchblutung, auch in Haarkosmetika (Arnika-Tinktur, siehe S. 78).

## Eberraute

*Artemisia abrotanum*
Familie: Korbblütler

Magenstärkend, in der Küche nur sparsam verwenden (herbes, bitteres Aroma).
**Merkmale:** Mehrjähriger Halbstrauch; bis 1 m hoch; gelblichweiße Blüten in rispenartigen Blütenständen von August bis September; Pflanze duftet würzig, zitronenartig.
**Inhaltsstoffe:** Ätherisches Öl, Bitter- und Gerbstoffe.
**Kultur:** Sonnige bis halbschattige, trocke-

ne Standorte, kalkhaltige, humose Böden. Vermehrung durch Stecklinge und Teilung, Pflanzung im Frühjahr im Abstand von 40 × 40 cm. Winterschutz!
Kultur im Gefäß möglich.
**Ernte:** Frische Triebspitzen ab Frühsommer; für Tee gesundes Kraut vor der Blüte Juli/August. Getrocknet in Gläsern aufbewahren.
**Küchenverwendung:** Frische Triebspitzen oder getrocknet in kleinen Mengen zu Salaten, Quark, Soßen und Fischgerichten.
**Naturheilkunde:** Magenstärkend, verdauungsfördernd (vorsichtig dosieren!).

## Wermut

*Artemisia absinthium*
Familie: Korbblütler

Pflanze riecht stark aromatisch und schmeckt gallebitter.
**Merkmale:** Mehrjährig; bis 1,5 m hoch; gelbe Blüten von Juli bis September.
**Inhaltsstoffe:** Ätherisches Öl mit giftigem Thujon, Bitter- und Gerbstoffe.

# Estragon 93

*Wermut*

**Kultur:** Sonnige, bis halbschattige Standorte, anspruchslos an Boden und Pflege; jährlicher Rückschnitt erforderlich. Pflanzenabstand 40 × 40 cm. Vermehrung durch Stecklinge, Teilung (Frühjahr oder Herbst) oder Aussaat im Frühjahr.

Wermut sollte nicht mit Knollenfenchel angebaut werden. Er verträgt sich mit anderen *Artemisia*-Arten und Doldenblütlern, bei ausreichendem Abstand auch mit anderen Pflanzen kaum Beeinträchtigungen.

**Ernte:** Frische, junge Triebe und Blätter von Mai bis in den Spätherbst; zur Teebereitung vor der Blüte.
Getrocknet in Gläsern aufbewahren.
**Küchenverwendung:** Nur in sehr kleinen Mengen zu Eintopf und Fleisch, mitkochen! Ferner für Kräutergeist und -wein.
**Naturheilkunde:** Gegen Appetitlosigkeit, als Magen- und Gallentee.
Während der Schwangerschaft nicht anwenden, größere Mengen sind auch sonst gesundheitsschädlich.

## Estragon

*Artemisia dracunculus*
Familie: Korbblütler

Beim Kauf ausdrücklich Deutschen Estragon *(A. dracunculus* var. *sativa)*, keinen Russischen Estragon verlangen wegen des besseren Aromas!
**Merkmale:** Mehrjährig; bis 1,5 m hoch; weißlichgrüne, unscheinbare Blüten ab Juli. Pflanze duftet würzig.
**Inhaltsstoffe:** Ätherisches Öl mit Estragol, Gerb- und Bitterstoffe.
**Kultur:** Sonnige, auch halbschattige Lagen, wenn genügend Feuchtigkeit und Winterschutz gegeben. Vermehrung des Deutschen Estragon durch Ausläufer und Teilen. Der minderwertige Russische Estragon wird durch Aussaat im Frühjahr in Reihen (Abstand 30 – 40 cm) vermehrt.

Günstig ist ein Anbau mit Gurken.

**Ernte:** Frische Zweigspitzen ab Mai bis Spätherbst. Zum Trocknen und Frosten kurz vor der Blüte.
**Küchenverwendung:** Am besten immer frisch zu Suppen, Soßen, Salaten, Geflügel,

*Estragon*

# Kräuter-Portraits

*Beifuß*

*Barbarakraut*

Quark, Kräutergeist und -wein, Kräuteressig und für die eigene Senfherstellung. Zum Mitkochen geeignet!
**Naturheilkunde:** Verdauungs- und gallenflußfördernd, appetitanregend, harntreibend.

## Beifuß

*Artemisia vulgaris*
Familie: Korbblütler

Anspruchsloses Kraut.
**Merkmale:** Mehrjährig; bis 2 m; gelbliche Blütenköpfchen von Juni bis September; frischer, würziger Duft.
**Inhaltsstoffe:** Ätherisches Öl mit Cineol und nur wenig Thujon, Bitterstoffe.
**Kultur:** Anspruchslos an Klima und Boden; bevorzugt vollsonnige Standorte. Vermehrung durch Teilung, Stecklinge und Aussaat im Frühjahr.

> Beifuß kann gut mit Kohlarten und Kohlrabi angebaut werden.

**Ernte:** Bis zur Blüte frische Blätter und junge Triebe zum Würzen. Blütenrispen kurz vor der Blüte ernten und als Büschel ohne Blätter trocknen.
**Küchenverwendung:** Frisch oder getrocknet zu fettem Braten, Geflügel- und Hammelfleisch, Gemüse- und Pilzgerichten. Mitkochen!
**Naturheilkunde:** Als Tee bei Verdauungsbeschwerden und Appetitlosigkeit.

## Barbarakraut

*Barbarea vulgaris*
Familie: Kreuzblütler

Wird auch Winterkresse genannt.
**Merkmale:** Zweijährig; bis 60 cm hoch; im zweiten Jahr bereits ab April leuchtendgelbe Blüten; schwacher Geruch, Geschmack kresseartig.
**Inhaltsstoffe:** Ätherisches Öl, hoher Vitamin-C-Gehalt.
**Kultur:** Sonnige, auch halbschattige Lagen, feuchte, lehmhaltige Böden. Auf gleich-

mäßige Bodenfeuchte achten! Mulchen mit organischen Materialien ist vorteilhaft. Aussaat in Reihen im Frühjahr oder Herbst.

> Mischkultur mit anderen einjährigen Kräutern.

**Ernte:** Frische Triebe oder Blätter während des ganzen Jahres, insbesondere in der Winterzeit. Nur frisch verwenden!
**Küchenverwendung:** Das scharfwürzige frische Kraut für kresseartige Salate und als Zugabe zu anderen Salaten, Rohkost, zur Kräuterbutter und zur Bouillon, auch gedünstet verwendbar.
**Naturheilkunde:** Appetitanregend, „blutreinigend", harntreibend, wundheilend.

## Boretsch

*Borago officinalis*
Familie: Rauhblattgewächse

Bienenweide!
**Merkmale:** Einjährig; bis 80 cm hoch; blaue, auch rosa oder weiße sternartige, nickende Blüten in lockeren Blütenständen ab Juni bis September. Pflanze riecht würzig, gurkenähnlich.
**Inhaltsstoffe:** Schleimstoffe, Saponin, Gerbstoffe.
**Kultur:** Sonnige bis halbschattige Standorte, nährstoffreiche, kalkhaltige Böden. Boden mäßig feucht halten. Nach Kompostgaben ist zusätzliches Düngen nicht erforderlich. Aussaat ab April in Reihen (Abstand 25 cm) in Folgesaaten, meist Selbstaussaat im Garten. Dunkelkeimer!
Kultur in Gefäßen möglich.

> Günstige Kultur mit Gurken, Kohlarten und Kohlrabi, Rote Bete, Sellerie, Tomaten sowie Zucchini.

**Ernte:** Nur Frischernte der jungen Blätter, des Krautes und der Blüten von Mai bis

*Boretsch*

Oktober. Frisch verwenden, evtl. einfrieren.
**Küchenverwendung:** Frisch geerntet für Gurken und andere Salate, kleingehackt für „Grüne Soßen" (siehe S. 67), Fisch, Eier, Kartoffeln, Quark, Pilze, Säfte, Apfelwein, Bier. Auch die Blüten sind eßbar; zum Garnieren geeignet.
**Naturheilkunde:** Tee wirkt „blutreinigend", harn- und schweißtreibend. Anwendung bei Rheuma und Entzündungen der Atemwege. Nur gelegentlich verwenden.
**Naturkosmetik:** Erfrischt schlecht durchblutete Haut.

## Ringelblume

*Calendula officinalis*
Familie: Korbblütler

Mit gelben und orangefarbenen Blütenköpfchen von Juni bis November, die sich am frühen Morgen öffnen und zum Abend schließen (Abbildung, siehe S. 96).

# Kräuter-Portraits

*Ringelblumen (Blüten gelb und orange erntereif, heller überreif)*

**Merkmale:** Einjährig; bis 50 cm hoch.
**Inhaltsstoffe:** Ätherisches Öl, Flavonoide, Carotinoide.
**Kultur:** Sonnige Standorte, anspruchslos an den Boden. Aussaat ab März in Reihen (30 cm Abstand), später vereinzeln auf 30 cm, nachfolgend Selbstaussaat möglich.

> Günstiger Anbau mit Erbsen, Gurken und Grünspargel, Kohlarten und Kohlrabi, Mairüben und Möhren sowie mit Tomaten. Für die Abwehr schädlicher Nematoden, gegen Bodenmüdigkeit.

**Ernte:** Geöffnete Blüten von Juni bis November.
**Küchenverwendung:** Zungenblüten (d. h. Einzelblüte im Blütenköpfchen) als Ersatz für Safran zum Färben von Speisen.
**Naturheilkunde:** Zum Gurgeln oder Spülen bei Entzündungen im Mund- und Rachenraum, für Umschläge und Salben (siehe S. 77), bei schlecht heilenden Wunden, kleineren Verletzungen, Verstauchungen. Wird Teemischungen als „Schmuckdroge" beigegeben.
**Naturkosmetik:** Zur Pflege von rauher, rissiger, auch entzündeter Haut.

## Paprika, Peperoni

*Capsicum annuum*
Familie: Nachtschattengewächse

Die Früchte von Speise- und Würzpaprika (Peperoni, *C. frutescens*) haben verschiedene Größen und Formen in den Farben Grün, Gelb, Orange und Rot.
**Merkmale:** Einjährig; bis 50 cm hoch; gelblichweiße Blüten ab Juni fortwährend bis Herbst.
**Inhaltsstoffe:** Alkaloid Capsaicin (scharf!), hoher Gehalt an Vitamin C, ferner Vitamine A, B1 und B2, Zucker und Mineralstoffe.
**Kultur:** Geschützte, warme sonnige Standorte, humose Gartenböden; regelmäßiges Gießen. Kräftige Kompostgaben oder flüssig mit Kompostwasser (siehe S. 31) düngen. Vorkultur im Gewächshaus, Auspflanzen im Abstand von 40 × 40 cm nach dem 20. Mai; bei den meisten Sorten Stützhilfen erforderlich. Mulchen erhöht die Ertragssicherheit, sehr frostempfindlich.
Kultur im Topf möglich.

*Roter Paprika*

# Kümmel

*Chilies – auch eine Form von Paprika*

Kultur ungünstig mit Busch- und Stangenbohnen. Günstig ist der Anbau mit Gurken, Kohlrabi und Tomaten.

**Ernte:** Etwa ab August, wenn die Früchte vollreif sind. Bei Frostgefahr im Herbst können auch unreife Früchte geerntet und aufgefädelt in luftigen Räumen nachreifen.

**Küchenverwendung:** Als Gemüse und Würze zu Fleisch (Gulasch), Suppen und pikanten Soßen, getrocknet und gemahlen, frisch oder sauer eingelegt.
**Naturheilkunde:** Appetitanregend, verdauungsfördernd.

## Kümmel

*Carum carvi*
Familie: Doldenblütler

Anspruchsloses Kraut.
**Merkmale:** Zweijährig; bis 1 m hoch. Im zweiten Jahr Blüten- und Samenstände im Mai/Juni, Blüten weiß bis rosa in Dolden, Einzelfrüchte mit je zwei sichelförmigen Samen.

**Kreuz-Kümmel** (*Cuminum cyminum*) ist seltener im Anbau. Er unterscheidet sich vom echten Kümmel durch schärferes Aroma.

**Inhaltsstoffe:** Ätherisches Öl mit Carvon und Limonen, Flavonoide.

*Gelber Paprika*

*Kümmel blühend*

**Kultur:** Möglichst sonnige Lagen, feuchtes Klima günstig, tiefgründige, kalkhaltige Böden, in Berglagen Winterschutz, z. B. mit Reisig. Aussaat in Reihen in 35-cm-Abständen im Juli/August.

> Günstiger Anbau mit Busch- und Stangenbohnen, Erbsen, Gurken, Kartoffeln, Kohlarten und Kohlrabi, Kopfsalat, Rote Bete sowie Spinat. Schlechte Nachbarschaft mit Kerbel, fördert Befall mit Kümmelmotte.

**Ernte:** Kraut mit Samenständen ab Juni am frühen Morgen, wenn Samen braun werden; in Sträußen zum Trocknen aufhängen.
**Küchenverwendung:** Samen zu Kohl, Sauerkraut, Eintopf, Salaten, Fleisch, Wurst, Quark, Käse, Backwaren und Spirituosen.
**Naturheilkunde:** Gegen Blähungen und Appetitlosigkeit, krampflösend.

*So stark sollen die Kümmelpflanzen in den Winter gehen. Dann sind kaum Frostschäden zu erwarten.*

## Echtes Tausendgüldenkraut

*Centaurium erythraea*
Familie: Enziangewächse

Zierliche Staude mit hellrosa Blüten. Geschützte Pflanze, Abbildung auf S. 99!
**Merkmale:** Ein- oder zweijährig; bis 50 cm hoch; blüht von Juni bis September.
**Inhaltsstoffe:** Bitterstoffe, Flavonoide.
**Kultur:** Sonnige bis halbschattige Standorte, humushaltige Böden. Bei anhaltender Trockenheit gießen, zusätzliche Düngung nicht erforderlich. Aussaat im Frühjahr in Reihen auf sorgfältig vorbereitete Beete (siehe S. 23); besser ist geschützte Jungpflanzen-Vorkultur, Pflanzenabstand 20 × 15 cm.
**Ernte:** Blühendes Kraut und Wurzeln zum Trocknen für Tee.
**Küchenverwendung:** Zusatz für Kräuterweine und Liköre.
**Naturheilkunde:** Als Tee appetitanregend und verdauungsfördernd, kräftigend, gegen Blähungen und bei Stoffwechselstörungen. Nicht bei Magen- und Darmgeschwüren anwenden!

*Samen des Kümmels*

# Echte Kamille

*Echtes Tausendgüldenkraut*

## Römische Kamille

*Chamaemelum nobile (Anthemis nobilis)*
Familie: Korbblütler

Duftende Kamille mit ähnlichen Heilwirkungen und Anwendungen wie die Echte Kamille.
**Merkmale:** Mehrjährig; bis 25 cm hoch; Blüten von Juni bis September; Pflanze duftet.
**Inhaltsstoffe:** Ätherisches Öl mit wenig Chamazulen, Bitterstoffe, Flavonoide.
**Kultur:** Sonnige bis halbschattige Standorte, keine besonderen Bodenansprüche. Geeignet zum Pflanzen von Duftrasen (siehe S. 38), verträgt Abmähen mit hochgestelltem Rasenmäher. Breitwürfige Aussaat im Frühjahr und Vermehrung durch Teilung, Pflanzenabstand 20 × 20 cm.
Kultur in Gefäßen möglich.
**Ernte:** Frische Blütenköpfchen während der Blütezeit. Wie Echte Kamille getrocknet in Gläsern aufbewahren.
**Küchenverwendung:** Frische Blüten zum Aromatisieren von Aperitifs.
**Naturheilkunde:** Entzündungshemmend, krampflösend, ähnlich wie Echte Kamille (siehe S. 100); appetitanregend, gegen Blähungen und zu Mundspülungen.
**Naturkosmetik:** Zur Behandlung empfindlicher, trockener Haut, zur Pflege blonder Haare.

## Echte Kamille

*Chamomilla recutita*
*(Matricaria chamomilla)*
Familie: Korbblütler

Die Echte Kamille erkennt man am Blütenboden mit kegelförmigem Hohlraum.
**Merkmale:** Einjährig; bis 50 cm hoch; blüht ab Mai; intensiver Duft.
**Inhaltsstoffe:** Ätherisches Öl mit Chamazulen, Bisabolol, Flavonoide.
**Kultur:** Sonnige Standorte, bevorzugt wer-

*Römische Kamille*

# Kräuter-Portraits

*Echte Kamille*

ausfall. Kamille wird von jeder Haut vertragen, günstig bei empfindlicher, trockener und spröder Haut; reinigende Gesichtsdampfbäder, Reinigungs-Gesichtspackungen, Cremes.

den lehmige, humose Böden. Aussaat im Frühjahr in Reihen mit 20 cm Abstand. Kultur in Gefäßen möglich.

> Auch für reihenweise Mischkultur mit Kohlarten und Kohlrabi, Porree, Radieschen, Rettich, Sellerie sowie Zwiebeln geeignet.

**Ernte:** Meist werden die Blütenköpfchen mit kurzen Stielchen, auch blühendes Kraut bei trockenem Wetter geerntet. Getrocknet in Gläsern aufbewahren.

**Naturheilkunde:** Vielfältige entzündungshemmende, wundheilende, antibakterielle und krampflösende Wirkungen; bei Magen- und Darmstörungen, Mund- und Rachenentzündungen, zum Gurgeln und Spülen, für Umschläge, Waschungen, Augenkompressen, Inhalationen und Bäder. Hausmittel bei Zahnschmerzen.

**Naturkosmetik:** Besonders zur Pflege blonder Haare geeignet, auch gegen Haar-

## Löffelkraut, Löffelkresse

*Cochlearia officinalis*
Familie: Kreuzblütler

Salzliebende Küstenpflanze, frostbeständig. Nahmen Seefahrer als Mittel gegen Skorbut auf ihre Reisen mit.

**Merkmale:** Zweijährig; bis 30 cm hoch; untere Blätter der im ersten Jahr gebildeten Blattrosette fleischig und löffelförmig, ab Mai des zweiten Jahres weiße, duftende Blüten in Trauben an beblätterten Stengeln. Blätter

*Löffelkraut*

schmecken sehr stark kresseartig und salzig-bitter.
**Inhaltsstoffe:** Senfölglykosid Glucocochlearin, Bitter- und Gerbstoffe und in geringen Mengen ätherisches Öl. Hoher Vitamin-C-Gehalt.
**Kultur:** Anspruchslos an den Standort, genügend feuchte, humose Böden. Feucht halten; wenn gemulcht und Kompost gegeben wird, kein zusätzliches Düngen erforderlich. Aussaat im März/April oder August/September in flachen Rillen, später auf etwa 20 cm vereinzeln.

Mischkultur möglich wie Senf mit vielen Gemüsearten, außer Kohlarten bei Kohlherniengefahr.

**Ernte:** Frische Blätter, bei Frühjahrsaussaaten bereits ab Sommer, sonst im Herbst und Winter bis zur Blüte. Nur frisch verwenden.

*Löffelkraut hat ab Mai weiße und duftende Blüten.*

**Küchenverwendung:** Für Salate, Kartoffeln, Brotbelag. Der scharfe Geschmack läßt sich durch Schnittlauch mildern.
**Naturheilkunde:** Stoffwechselanregend, verdauungsfördernd, blutreinigend, gegen Hautleiden, geeignet als Salat und Rohkost für Frühjahrskuren.

# Koriander

*Coriandrum sativum*
Familie: Doldenblütler

Unangenehm riechende Blätter gaben ihm den Namen „Wanzen-Kraut" im Volksmund.
**Merkmale:** Einjährig; bis 70 cm hoch; weiß-

*Koriander*

*Korianderfrüchte sind im frischen Zustand noch glatt.*

> Günstige Kultur mit Gurken, Kartoffeln, Kohlarten und Kohlrabi sowie Rote Bete.

rosa Blüten ab Juni/Juli; Früchte zerfallen meist nicht in Teilfrüchtchen, sie sind getrocknet wohlriechend.
**Inhaltsstoffe:** Ätherisches Öl mit Linalool, Geraniol.
**Kultur:** Sonnige warme Standorte, warme durchlässige, humose Böden. Aussaat ab April in Reihen mit Abständen von etwa 30 cm. Während der Jugendentwicklung beachtlicher Wasserbedarf.

**Ernte:** Wenn die Wurzeln braun absterben, soll die Ernte beginnen (etwa ab August). Pflanzen taufrisch abschneiden, in der Sonne auf Tüchern oder in Bündeln aufgehängt trocknen.
Samen trocken in Gläsern oder Dosen aufbewahren.
**Küchenverwendung:** Junges, frisches Kraut als Würzkraut zu Salaten und Soßen in südlichen Ländern und Nordafrika, dagegen kaum in Mitteleuropa zum Würzen. Bekannter ist Koriander als aromatisches Samengewürz für Backwaren, zum Einmachen, zu Wild und Fisch, Gulasch, Wurst, Soßen, Rohkost und Rote Bete.
**Naturheilkunde:** Appetitanregend, verdauungsfördernd, blähungswidrig und krampflösend; lindernd bei Magen- und Darmleiden.

*Korianderfrüchte getrocknet*

## Drachenkopf

*Dracocephalum moldavica*
Familie: Lippenblütler

Wertvolle Bienenweide, auch Türkische Melisse genannt.
**Merkmale:** Einjährig; in Blüte bis 60 cm hoch; blauviolette Blüten von Juni bis August. Ganze Pflanze riecht zitronenmelisseartig.
**Inhaltsstoffe:** Ätherisches Öl, Flavonoide, Bitter- und Gerbstoffe.
**Kultur:** Sonnige Lagen, humose tätige Böden; ausreichende Wasserversorgung, aber keine Staunässe. Für sichere Erträge mit Komposttee oder Kräuterjauche dün-

*Drachenkopf*

gen. Aussaat im Frühjahr in Reihen.
Kultur im Gefäß möglich.

Mischkultur, soweit bekannt, mit allen einjährigen Kräutern in Reihen möglich.

**Ernte:** Blühendes oder halbverblühtes Kraut ab Juni. Getrocknet in Gläsern aufbewahren, wie Melisse.
**Naturheilkunde:** Tee wie Zitronenmelisse nervenstärkend, gegen nervös bedingte Magen- und Darmstörungen, Kopfschmerz und Schlaflosigkeit, auch verdauungsfördernd.
**Naturkosmetik:** Als Badezusatz zur Entspannung.

## Rauke

*Eruca sativa*
Familie: Kreuzblütler

Auch Ruca, Rucola und Rocket.
**Merkmale:** Einjährig; bis 50 cm hoch; mit hellgelben Blüten ab Mai; ganze Pflanze stark riechend.
**Inhaltsstoffe:** Ätherisches Öl, Vitamine C und A, Mineralstoffe.
**Kultur:** Anspruchslos an Standort und Boden; in Trockenzeiten sind Wassergaben ertragssichernd. Aussaat ab März in Reihen (Abstand 20 cm) mit monatlichen Folgesaaten für kontinuierliche Ernten.
Kultur im Gefäß möglich.

*Rauke erntereif*

# Kräuter-Portraits

*Rauke blühend*

Mischkultur wie Senf.

**Ernte:** Nur frisch verwenden, dazu ganzjährig die Blätter ernten, im Winter Kultur am Fenster.
**Küchenverwendung:** Ähnlich wie Gartenkresse für pikante Salate, mit Butter und Käse als Brotbelag, Blätter zum Garnieren von kalten Mahlzeiten.
**Naturheilkunde:** Blutreinigend, tonisch, stimulierende Eigenschaften.

## Arzneifenchel

*Foeniculum vulgare*
Familie: Doldenblütler

**Merkmale:** Mehrjährig; bis 2 m hoch; blüht gelb von Juli bis Oktober, ganze Pflanze duftet süßlich-würzig; lange rübenförmige Wurzeln.

**Inhaltsstoffe:** Ätherisches Öl mit Anethol und Fenchon, Mineralstoffe, Vitamine A, B, C.
**Kultur:** Vollsonnige, warme Standorte, nährstoff- und humusreiche Böden; während Jugendentwicklung bei längeren Trockenzeiten gießen; während des Sommers mulchen und mit Kompost düngen, evtl. zusätzliche organische Kopfdüngung; Aussaat im Frühjahr (Abstand der Saatreihen: 40 cm).
Kultur im Gefäß möglich.
**Ernte:** Zarte Fenchelblätter frisch während des ganzen Sommers. Samenstände, sobald diese braun werden, abschneiden und in Bündeln aufgehängt trocknen.
**Küchenverwendung:** Frisches Grün zum Würzen von Suppen, Soßen, Salatmarinaden und Fischgerichten; Samen für Backwaren und Spirituosen.

*Arzneifenchel*

**Naturheilkunde:** Das Abhusten von Schleim fördernd und schleimlösend bei Husten, krampflösend, lindert Blähungen; Tee empfohlen bei Bauchweh-Beschwerden der Kinder.
**Naturkosmetik:** Hautöl zur reizmildernden Pflege bei trockener und bei spröder Haut.

## Waldmeister

*Galium odoratum*
Familie: Rötegewächse

Beliebter Bodendecker unter Bäumen.
**Merkmale:** Mehrjährig; bis 70 cm hoch; im Mai mit duftenden weißen Blüten. Beim Anwelken und Trocknen verströmt die Pflanze typischen, starken Cumarin-Duft.
**Inhaltsstoffe:** Cumaringlykosid und andere Glykoside, Gerb- und Bitterstoffe.
**Kultur:** Schattige Lagen, lockere, feuchte, humose, kalkhaltige Böden. Aussaat im Herbst (Frostkeimer!), Vermehrung durch Teilung. Nach Anpflanzung am richtigen Standort vermehrt sich Waldmeister selbst weiter.
**Ernte:** Ab zweitem Jahr vor der Blüte das Kraut schneiden, entweder angewelkt verwenden oder zu Tee trocknen.
**Küchenverwendung:** Angewelktes Kraut zum Aromatisieren von Bowlen, Fruchtsäften und Apfel-Gelee; ferner für Dufterzeugnisse (Potpourris) verarbeiten.
**Naturheilkunde:** Krampflösend und beruhigend, gegen Nervosität und schlechten Schlaf (Schlafstörungen); als aromatisierender Zusatz zu Tees. Vorsicht, im Übermaß schädlich!

*Waldmeister*

## Tüpfel-Johanniskraut

*Hypericum perforatum*
Familie: Johanniskrautgewächse

**Merkmale:** Mehrjährig; bis 80 cm hoch; Blüten goldgelb ab Juni bis September, beim Zerdrücken der Blüten erscheint roter Farbstoff (Abbildung Tüpfel-Johanniskraut, siehe S. 106).
**Inhaltsstoffe:** Hypericin, ätherisches Öl, Gerbstoffe, Flavonoide.
**Kultur:** Sonnige Standorte, nicht zu feuchte, humose, aber schwere Böden; Aussaat im Vorjahr, geschützte Vorkultur ist vorteilhaft. Zusätzliches Gießen meist nicht erforderlich, im Sommer mit Kompost düngen, bei Bedarf mit organischen Düngern. Auf mageren Böden mulchen.

# Kräuter-Portraits

*Tüpfel-Johanniskraut mit goldgelben Blüten*

> Günstige Kultur von Tüpfel-Johanniskraut mit allen mehrjährigen Kräuterarten, Unverträglichkeiten sind nicht bekannt.

**Ernte:** Ab Juni als blühende Sproßspitzen zum Trocknen (für Tee) und frische Blüten für Kräuteröl.
**Naturheilkunde:** Tee bei nervöser Unruhe, Schlaflosigkeit und leichten depressiven Verstimmungen, Nerven- und Rheumaschmerzen.
**Naturkosmetik:** Johanniskrautöl (Herstellung des Kräuteröls, siehe S. 70) für die Herstellung von Schönheitsmilch; reinigt, heilt und erfrischt unreine, leicht entzündete Haut.

## Ysop

*Hyssopus officinalis*
Familie: Lippenblütler

Dekorativer Halbstrauch, Insektenweide.
**Merkmale:** Mehrjährig; bis 50 cm hoch; lebhaft blau-violette, seltener rosa oder weiße Blüten ab Juli; stark duftendes Kraut; Geschmack herb und bitter.
**Inhaltsstoffe:** Ätherisches Öl, Glykoside, Gerbstoffe.
**Kultur:** Vollsonnige Lagen, warme, kalkhaltige, humose Böden; Vermehrung durch Teilen, Stecklinge und Aussaat (Abstand der Pflanzen: 30 × 30 cm).
Kultur im Gefäß möglich.

> Günstige Kultur mit allen mehrjährigen Kräuterarten. Unverträglichkeiten nicht bekannt.

**Ernte:** Frisches junges Kraut

*Ysop ist für Topfkultur geeignet.*

# Echter Alant 107

*Ysop blüht violettblau ab Juli.*

*Echter Alant im Garten*

bis zur Blüte direkt zum Würzen und kurz vor der Blüte zum Trocknen für den Winterverbrauch.
**Küchenverwendung:** Gewürz frisch oder getrocknet für Kartoffelgerichte, Hülsenfrüchte, Suppen, Fleisch, Eintopf und in Kräuterwein.
**Naturheilkunde:** Verdauungsfördernd, krampflösend, gegen Husten, stimulierend.

## Echter Alant

*Inula helenium*
Familie: Korbblütler

Honigpflanze.
**Merkmale:** Mehrjährig; bis 2 m; starker tiefreichender Wurzelstock; von Juni bis September leuchtendgelbe Korbblüten wie kleine Sonnenblumen.
**Inhaltsstoffe:** Inulin, ätherisches Öl mit Helenin, Bitterstoffe.
**Kultur:** Sonniger Stand, nährstoffreiche auch schwerere Böden; im ersten Jahr bei Bedarf gießen, im Sommer mit Kompost düngen und mulchen. Vermehrung durch Teilen des Wurzelstockes. Pflanzung im Frühjahr oder Herbst, Pflanzenabstand 50 × 50 cm.

Mischkultur mit allen höherwachsenden, mehrjährigen Kräuterarten möglich.

**Ernte:** Wurzeln ab dem

*Blüten des Alant*

zweiten Jahr im Herbst, waschen, zerkleinern und bei etwa 35 °C trocknen.
**Naturheilkunde:** Wurzeldroge ist schleimlösend, empfohlen bei Bronchitis, auch bei Reizhusten, regt die Verdauung und Nierentätigkeit an. In größeren Gaben giftig, außerdem besteht ein gewisses Allergierisiko.
**Naturkosmetik:** Als Umschlag oder Kompresse bei unreiner Haut, Akne.

## Lorbeer

*Laurus nobilis*
Familie: Lorbeergewächse

**Merkmale:** Mehrjährig; bis 20 m hoher Baum oder Strauch am natürlichen Standort; zweihäusig, immergrün, nicht frosthart. Gelblichweiße Blüten ab Mai, Früchte sind schwarze, eiförmige, kirschgroße Beeren. Die Blätter duften aromatisch würzig.
**Inhaltsstoffe:** Ätherisches Öl mit Terpenen, Bitter- und Gerbstoffe.

**Kultur:** Bei uns meist als Kübelpflanzen, auch formgeschnitten. Regelmäßig gießen (außer in den Wintermonaten) und wiederholt flüssig düngen, z. B. mit Kräuterjauche oder Kompostwasser (siehe S. 31). Frostfreie Überwinterung ist erforderlich; Vermehrung aus Stecklingen möglich.
**Ernte:** Ganzjährig Blätter und junge Triebe zum Frischverbrauch oder zum Trocknen.
**Küchenverwendung:** Für Fisch- und Fleischmarinaden, Suppen, Soßen, zu Sauerkonserven und zum Aromatisieren von Essig; Bestandteil von Bouquets garni.
**Naturheilkunde:** Appetitanregend, verdauungsfördernd. Das aus den Früchten gewonnene Lorbeeröl (enthält ätherisches und fettes Öl) verwendet man äußerlich

*Lorbeer*

zu durchblutungsfördernden, antirheumatischen Einreibungen.
**Naturkosmetik:** Öllorbeer-Packungen zur Hautstraffung und Regeneration.

## Lavendel

*Lavandula angustifolia*
Familie: Lippenblütler

Geeignet auch für Einfassungen und Kleinhecken.
**Merkmale:** Mehrjähriger Halbstrauch; bis 60 cm hoch; mit schmalen, silbergrau-grünen Blättern, ab Juli an langen Stielen blaue, duftende Blütenstände.
**Inhaltsstoffe:** Ätherisches Öl, Gerb- und Bitterstoffe, Cumarinderivate.
**Kultur:** Vollsonnige Standorte, kalkhaltige, humusversorgte, aber keine nassen Böden. In Trockenzeiten gießen, mulchen und organisch düngen bis August. Vermehrung durch Stecklinge und Aussaat im Frühjahr in Reihen (Pflanzenabstand: 30 × 30 cm). Nach der Blüte die Pflanzen leicht einkürzen.
Kultur im Gefäß möglich.

*Lavendel*

Mischkultur mit allen mehrjährigen Kräutern bis 50 cm Höhe und Beetrosen.

**Ernte:** Junge Triebe und frische Blätter zum Würzen ab Mai. Die Blütentriebe, wenn sich die Blüten gerade geöffnet haben, bündeln und aufgehängt trocknen, ebenso blühendes Kraut.
**Küchenverwendung:** Frisches Grün zum Würzen von Soßen, Eintopf und Fisch (mitkochen!). Getrocknete Blüten für Duftzwecke sowie in Lavendelgeist.

**Naturheilkunde:** Nervenberuhigend, schlaffördernd, auch blähungstreibend, den Gallefluß anregend; Lavendelgeist zum Einreiben bei Rheuma.
**Naturkosmetik:** Als Badezusatz mit entspannender Wirkung. Geeignet zur Behandlung von unreiner Haut. Auch für Packungen und Lavendel-Shampoo.

## Echtes Herzgespann

*Leonurus cardiaca*
Familie: Lippenblütler

Hummelpflanze, Honigträger! Auch Löwenschwanz genannt (Abbildung, siehe S. 110).
**Merkmale:** Mehrjährig; bis 1,2 m hoch; rosa bis rote Blüten von Juni bis September.

# Kräuter-Portraits

*Echtes Herzgespann, eine schöne Pflanze für den Bauerngarten*

## Gartenkresse

*Lepidium sativum*
Familie: Kreuzblütler

Neuere breitblättrige Sorten (z. B. 'Hilds Großblättrige') bringen höhere Blatterträge. Kresse ist vorzüglich geeignet für schnelle Zimmerkulturen (siehe S. 57).

**Merkmale:** Einjährig; blühend bis 50 cm hoch; die zwittrigen Blütchen sind weiß, selten rötlich, und die rötlichbraunen Samen liegen in kleinen Schoten. Die Blütezeit ist aussaatabhängig zwischen Mai und Spätherbst; rettichartig scharfer, würziger Geschmack.

**Inhaltsstoffe:** Senfölglykosid Glucotropaeolin, Vitamine A und C.

**Kultur:** Sonnige und halbschattige Standorte, keine besonderen Bodenansprüche, jedoch gleichmäßige Feuchtigkeit erwünscht.

**Inhaltsstoffe:** Bitterstoffglykoside, Alkaloide, ätherisches Öl in Spuren, Flavonoide, Gerbstoffe.

**Kultur:** Robust wachsende, heimische Pflanzenart. Sonniger und weiter Stand, mindestens 40 – 50 cm, nährstoffreicher Boden; im Herbst zurückschneiden. Aussaat im Frühjahr.

**Ernte:** Blühende Sproßspitzen, getrocknet für Tee-Zubereitungen. Mehrmalige Ernten im Jahr möglich.

**Naturheilkunde:** Beruhigend bei nervösem Herzklopfen und Migräne; bei Verdauungsstörungen, ähnliche Wirkungen wie Baldrian.

Nicht während der Schwangerschaft einnehmen!

*Blüten des Echten Herzgespann*

# Gartenkresse

Aussaat in Reihen von etwa 15 cm Abstand, schnelle Keimung und Entwicklung, deshalb mehrere Folgesaaten erforderlich. Lichtkeimer!
Kultur im Gefäß möglich.

Mischkultur möglich mit Radieschen, Rettich und Salat.

**Ernte:** Gartenkresse wird ganzjährig nur frisch als Würzkraut verwendet; auch die weißen Blüten sind eßbar und sogar würziger als die Blätter.

**Küchenverwendung:** Für Salate, „Grüne Soße" (siehe S. 67), Quark, Eierspeisen, Kartoffeln, Rohkost und als Brotbelag.

**Naturheilkunde:** Appetitanregend, verdauungsfördernd, blutreinigend, harntreibend. Würzkraut für entschlackende Frühjahrskuren.

Gartenkresse reif zur Ernte

Breitblättrige Gartenkresse

Gartenkresse überreif

## Liebstöckel

*Levisticum officinale*
Familie: Doldenblütler

Die ganze Pflanze riecht stark nach „Maggiwürze", daher auch der volkstümliche Name „Maggikraut".
**Merkmale:** Mehrjährig; blühend bis 2 m hoch; blaßgelbe Blüten, typisch sind dicke verzweigte Wurzelstöcke.
**Inhaltsstoffe:** Ätherisches Öl, Terpene, Cumarinderivate, Gerbstoffe, Vitamin C.
**Kultur:** Sonnige, auch halbschattige Lagen, feuchte, nährstoffreiche Böden und genügend großen Standraum, bei anhaltender Trockenheit im ersten Jahr gießen. Vermehrung durch Teilung der Wurzelstöcke, Aussaat im Frühjahr (Abstand der Reihen: 30 – 40 cm). Dankbar für jährliche kräftige Düngergaben und für Mulchen. Kultur im Gefäß möglich.
**Ernte:** Zarte Blätter fortlaufend frisch als Würzmittel, zum Trocknen im Juni/Juli mit starkem Rückschnitt; Wurzeln im Herbst oder zeitigen Frühjahr.
**Küchenverwendung:** Frisches Kraut, auch trocken oder gefrostet, für Suppen, Eintopf, Soßen, Fisch- und Fleischspeisen; junge Stiele in Zucker gekocht für Konfekt; Liebstöckel hat eine hohe Würzkraft und sollte immer sparsam verwendet werden.
Wurzeln sind besonders aromatisch und können mit den Speisen zusammen gekocht werden.
**Naturheilkunde:** Verdauungsfördernd, blähungs- und harntreibend; nicht bei Nierenerkrankungen und während der Schwangerschaft anwenden!

*Liebstöckel*

## Echter Lein

*Linum usitatissimum*
Familie: Leingewächse

Leinsamen wirken abführend.
**Merkmale:** Einjährig; bis 1 m hoch; hellblaue Blüten im Juli/August; flachgedrückte braune oder gelbe Samen in erbsengroßen Kapseln.
**Inhaltsstoffe:** Schleimstoffe, festes Öl, Glykoside, Pektin, Vitamin F.
**Kultur:** Vollsonnige Standorte, Böden in gutem Kulturzustand mit pH-Werten über 6,0. Zusätzliches Gießen und Düngen allgemein nicht erforderlich. Aussaat in Reihen (Abstand 20 cm), möglichst frühzeitig ab Anfang März, damit lange Entwicklungszeit für sichere Ernten gegeben ist.

# Wilde Malve

*Echter Lein*

**Ernte:** Wenn die Samen in den Kapseln rascheln, ernten, in der Sonne nachtrocknen und ausdreschen. In Gläsern und Dosen aufbewahren.
**Küchenverwendung:** Für Backwaren; Samen kann man auch unzerkleinert oder geschrotet essen.
**Naturheilkunde:** Abführend, harntreibend, bei Darmträgheit (je ein Eßlöffel Leinsamen morgens und abends zu den Mahlzeiten) immer mit reichlich Flüssigkeit einnehmen, Breiumschläge bei Rheuma.
**Naturkosmetik:** Nach Leinsamen-Kompressen wird die Haut besonders aufnahmefähig für Wasser und Creme; Leinsamenmasken bei trockener Haut.

## Malve, Wilde Malve

*Malva sylvestris*
Familie: Malvengewächse

**Merkmale:** Mehrjährig; bis 1 m hoch; rosa-violette Blüten von Juni bis September.
**Inhaltsstoffe:** Schleimstoffe, Anthocyanglykosid Malvin, Gerbstoffe.
**Kultur:** Sonnige Standorte, sonst anspruchslos. Im ersten Jahr bei Bedarf gießen, Düngen auf Gartenböden nicht erforderlich. Aussaat im Frühjahr in Reihen mit 40 cm Abstand, später vereinzeln.
**Ernte:** Ab Blühbeginn fortlaufend Blüten und Blätter pflücken für Tee; Wurzeln im Herbst und Frühjahr. Getrocknet in Gläsern aufbewahren.
**Küchenverwendung:** Junge Blätter für Wildpflanzen-Salate.

*Wilde Malve*

# Kräuter-Portraits

**Naturheilkunde:** Als Tee reizlindernd, entzündungshemmend, bei Magen- und Darmbeschwerden, Husten, auch als Gurgelmittel.
**Naturkosmetik:** Kompressen bei gereizter Haut.

## Weißer Andorn

*Marrubium vulgare*
Familie: Lippenblütler

Pflanze mit attraktiven Blättern duftet nach Äpfeln! Altbekanntes Heilmittel gegen Husten.
**Merkmale:** Mehrjährig; bis 60 cm hoch; von Juni bis September kleine weiße Lippenblüten.
**Inhaltsstoffe:** Bitterstoffe, Gerbstoffe, ätherisches Öl.
**Kultur:** Keine besonderen Ansprüche im Kräutergarten; wildwachsend werden warme trockene Standorte und kalkhaltige Böden bevorzugt. Aussaat im Frühjahr.

*Weißer Andorn*

Mischkultur mit allen mehrjährigen, gleichhoch wachsenden Kräuterarten.

**Ernte:** Ganzes Kraut zur Vollblüte, mehrere Ernten jährlich möglich. Wie andere Kräuter für Tees getrocknet aufbewahren.
**Naturheilkunde:** Tee gegen Husten, Gallen- und Leberleiden.

## Zitronenmelisse

*Melissa officinalis*
Familie: Lippenblütler

Starkes Aroma nach Zitrone, verflüchtigt rasch beim unsachgemäßen Trocknen, am besten frisch verwenden.

**Merkmale:** Mehrjährig; bis 1 m hoch; nach Zitrone duftend; weiße bis bläuliche Blüten von Juli bis Oktober.
**Inhaltsstoffe:** Ätherisches Öl mit Citral, Citronellal, Linalool, Geraniol, Flavonoide, Gerbstoffe.
**Kultur:** Warme, geschützte Standorte, humose, durchlässige Böden; nur im ersten Standjahr bei anhaltender Trockenheit gießen; dankbar für organische Düngung und Mulchen, in rauhen Lagen Winterschutz; Vermehrung durch Teilen größerer Wurzelstöcke und krautige Stecklinge. Aussaat ab April in Reihen mit Abstand von etwa 30 cm. Pflanzenabstand 40 × 50 cm
Kultur im Gefäß möglich.

*Zitronenmelisse blühend*

*Zitronenmelisse nichtblühend*

Günstiger Anbau mit Kohlarten.

**Ernte:** Von Frühjahr bis Spätherbst junge Triebe und Blätter frisch für Würzzwecke. Ab Ende Juni, kurz vor der Blüte, zur Teebereitung Blätter von den Trieben streifen und in dünnen Lagen trocknen, um die grünliche Farbe zu erhalten. Zitronenmelisse aufbewahren wie andere Teekräuter. Haltbarmachen durch Trocknen und Frosten.

**Küchenverwendung:** Frische Blätter für Salate, Suppen und Soßen, für Quark, Pilze, Fleisch, Fisch, Geflügel und Wild; nicht mitkochen!

**Naturheilkunde:** Tee und Melissengeist wirken beruhigend, schlaffördernd und krampflösend, bei nervösen Kopfschmerzen und Magen-Darmbeschwerden.

**Naturkosmetik:** Milde Wirkung von Gesichtskompressen gegen fettige Haut, belebt und strafft, Zusatz für entspannende Bäder.

## Minze-Arten

*Mentha*
Familie: Lippenblütler

Stark blattduftende und wüchsige, ausläuferbildende Kräuter.

**Merkmale:** Mehrjährig; 40 – 80 cm hoch (Abbildungen, siehe S. 116); alle *Mentha*-Arten sind stark aromatisch.

**Inhaltsstoffe:** Ätherisches Öl mit Menthol, Menthon, Cineol, Gerbstoffe und Flavonoide.

# Kräuter-Portraits

*Apfelminze*

Günstige Kultur mit Kartoffeln, Kohlarten und Kohlrabi, Kopfsalat, Möhren sowie Tomaten.

**Ernte:** Junge Triebe und Blätter von Frühjahr bis Herbst frisch zum Würzen und Teebereiten; zum Trocknen in zwei bis drei Schnitten jeweils vor der Blüte.

**Küchenverwendung:** Frisches Grün zu Salaten, Soßen, Suppen, Rohkost, Eiern, Quark, Gelee, Drinks und für Kräuteressig, -wein und -geist zum Aromatisieren.

**Naturheilkunde:** Schmerzlindernd, bei Magen- und Darmstörungen, Übelkeit, leichten krampfartigen Beschwerden, unterstützend für Leber- und Gallenfunktionen. Einige Tropfen Pfefferminzöl (siehe S. 70) zum Einreiben gegen Gliederschmerzen.

*Mentha crispa:* **Krause Minze.**
*Mentha x piperita:* **Pfefferminze** mit violetten, rosa oder weißlichen Blüten.
*Mentha x piperita citrata:* **Zitronenminze.**
*Mentha spicata:* **Grüne Minze.**
*Mentha suaveolens:* **Apfelminze.**
*Mentha suaveolens* 'Bowles': **Ananasminze.**

**Kultur:** Sonnige bis halbschattige Lagen, feuchte, humusreiche Böden, Vermehrung durch Ausläufer, Teilen und krautige Stecklinge, Pflanzung im Frühjahr mit Abstand 30 × 20 cm. Bei Rostbefall starker Rückschnitt, um gesunden Neutrieb zu erhalten. Kultur auch im Gefäß möglich.

*Krause Minze*

**Naturkosmetik:** Gesichts-Dampfbäder für unreine, großporige, fettige Haut, wirkt erfrischend und desinfizierend; Saunaaufgüsse mit Pfefferminzöl.

## Bärwurz, Bärendill

*Meum athamanticum*
Familie: Doldenblütler

**Merkmale:** Mehrjährig; bis 50 cm hoch; weiße, seltener rötliche Doldenblüten von Juni bis August; kräftige Wurzelstöcke. Pflanze riecht intensiv würzig.
**Inhaltsstoffe:** Ätherisches Öl, Mineralstoffe.
**Kultur:** Sonnige, auch halbschattige Lagen, feuchte nährstoffreiche Böden; kalkfliehende Pflanze, daher nicht auf frisch ge-

*Pfefferminze*

*Bärwurz*

kalkte Böden. Blütentriebe wegschneiden, um höhere Blatterträge zu erhalten. Im ersten Standjahr bei Trockenheit gießen; mulchen und mit Kompost düngen. Vermehrung durch Aussaat und Teilung im Frühjahr.
**Ernte:** Frisches Grün den ganzen Sommer über als Würzkraut, Blütentriebe für Kräutersträuße, Samenernte im September und die Wurzeln im Spätherbst.
Getrocknet und gut verschlossen in Gläsern und Dosen aufbewahren.
**Küchenverwendung:** Frisches Grün mit süßlichem Aroma zum Würzen wie Liebstöckel (siehe S. 112); Samen und Wurzeln für Spirituosen.
**Naturheilkunde:** Wirkt appetitanregend und verdauungsfördernd, besonders der Wurzeltee. Hausmittel!

# Kräuter-Portraits

*Die Indianernessel hat ihren Namen von amerikanischen Indianern, die aus ihr einen Tee bereiteten.*

## Indianernessel

*Monarda didyma*
Familie: Lippenblütler

Beliebte Bienenweide! Auch Goldmelisse genannt.
**Merkmale:** Mehrjährig; bis 1 m hoch; mit nach Zitrone duftenden Blättern, blüht rot von Juni bis Oktober.

*Monarda citriodora*, die **Zitronenmonarde**, ist bemerkenswerte Duftpflanze für den Garten.

**Inhaltsstoffe:** Ätherisches Öl, Gerb-, Bitter- und Mineralstoffe.
**Kultur:** Sonniger Standort, sonst anspruchslos. Aussaat im Frühjahr in Reihen mit 30 cm Abstand. Vermehrung durch Teilen der Wurzelstöcke und Stecklinge. Abgeblühte Blüten entfernen, jährlicher Rückschnitt erforderlich. In Trockenzeiten gießen; mulchen, um Massenwuchs zu verhindern.
Mischkultur nicht üblich.
**Ernte:** Frische Blätter während des ganzen Sommers; Blätter, Blüten und blühendes Kraut ab Juni/Juli zum Trocknen für Teebereitung und Kaltgetränke.
**Küchenverwendung:** Zum Aromatisieren von Obstsalaten und Konserven.
**Naturheilkunde:** Tee bei Verdauungsstörungen, zur Geschmacksverbesserung in Arzneiteemischungen.

## Brunnenkresse

*Nasturtium officinale*
Familie: Kreuzblütler

**Merkmale:** Mehrjährig; bis 80 cm hoch; weiße Blütentrauben von Mai bis September und 2 cm lange, wurstähnliche Schoten.
**Inhaltsstoffe:** Senfölglykosid Gluconasturtiin, Bitterstoffe, Vitamine A, B2, C, E, P, Mineralsalze.
**Kultur:** In seichten fließenden Gewässern,

*Brunnenkresse*

# Katzenminze

*Brunnenkresse blühend*

*Kultur der Brunnenkresse im Trogbeet:*
*Brunnenkresse gedeiht vorteilhaft im Trog- oder Sumpfbeet. Überlaufendes Wasser eines Gießwasserbeckens oder einer Regenwassersammeltonne (links) bewässert die Kultur, Überlaufwasser des Trogbeetes (Mitte) versickert im anschließenden Steinschacht (rechts).*

Trögen oder Schlammbecken. Auch ein Platz unter einem tropfenden Wasserhahn ist möglich. Aussaat ab Juni. Vermehrung durch Triebstecklinge. Winterhart bis -10 °C.
**Ernte:** Von Oktober bis Mai frische Triebe. Samen ab September ernten.
Triebe werden nur frisch verwendet, Samen getrocknet in Gläsern aufbewahrt.
**Küchenverwendung:** Grüne Triebe für Salate, Brotbelag und Fleischgerichte; Samen zum Würzen von Fleisch und Salaten. Kraut schmeckt rettichartig.
**Naturheilkunde:** Blutreinigend, stoffwechselanregend, wassertreibend, gegen Hautleiden und Rheuma.
**Naturkosmetik:** Hautreinigend bei Mitessern, zum Bleichen von Sommersprossen, auch zur Pflege von fettigem Haar (als Spülung nach dem Haarewaschen).

## Katzenminze

*Nepeta cataria*
Familie: Lippenblütler

Bei Katzen beliebtes Kraut.
**Merkmale:** Mehrjährig; bis 1 m hoch; Blüten von Juni bis September. Pflanzen mit intensivem, minzeartigem Duft, lockt Katzen an; Geschmack bitter scharf.
**Inhaltsstoffe:** Ätherisches Öl, mit Nepetalaktonen, Nepetalsäure, Thymol und Pulegon.

# Kräuter-Portraits

*Katzenminze*

*Spielzeug für Katzen: eine mit getrockneter Katzenminze und etwas trockener Baldrianwurzel gefüllte Stoffmaus*

**Kultur:** Sonnige, trockene Standorte und durchlässige Böden, pflegeleicht. Gießen im allgemeinen nicht erforderlich; mit Kompost im Frühjahr düngen. Mulchen ist vorteilhaft. Aussaat im Frühjahr in Reihen; Vermehrung durch Teilung und Stecklinge, Pflanzung im Frühjahr im Abstand 30 × 30 cm.
Kultur im Gefäß möglich.
**Ernte:** Mehrmaliger jährlicher Schnitt des Duftkrautes möglich; getrocknet für Spielzeug für Katzen (Abbildung, siehe unten links).
**Küchenverwendung:** Sproßspitzen früher zum Würzen von Fleisch.
**Naturheilkunde:** Krampflösend, magenwirksam; nur noch selten angewendet bei Husten und Durchfall.

## Basilikum

*Ocimum basilicum*
Familie: Lippenblütler

Bienenweide!
**Merkmale:** Einjährig; bis 60 cm hoch; nektarreich, gelbe Blüten von Juni bis September. Ganze Pflanze duftet intensiv würzig.

*Basilikum*

Es gibt groß- und kleinblättrige sowie buntblättrige Sorten. Basilikum ist sehr kälteempfindlich.
**Inhaltsstoffe:** Ätherisches Öl mit Estragol, Linalool, Cineol, Gerbstoffe.
**Kultur:** Sonnige, geschützte Standorte, humose, warme Böden und ausreichende Wasserversorgung, Windschutz. Nach Bedarf düngen mit Kompost und organischen Düngern, auch flüssig mit Kräuterjauchen oder Kompostwasser (siehe S. 31).

Günstige Kultur mit Gurken, Knollenfenchel, Schwarzwurzeln, Tomaten, Zucchini und Zwiebeln.

Aussaat Anfang Mai in Reihen (Abstand: 25 cm) mit jährlich mehreren Folgesaaten; Frühkultur am besten mit geschützter Jungpflanzenanzucht. Auch Kultur im Gefäß möglich.
**Ernte:** Blätter und junge Triebe frisch den Sommer über; zum Trocknen und Frosten jeweils vor der Blüte schneiden.
**Küchenverwendung:** Für Fleisch, Fisch, Gemüse, Eintopf, Suppen, Salate und Rohkost. Nicht mitkochen!
**Naturheilkunde:** Appetit- und verdauungsanregend, bei Völlegefühl und Blähungen, wassertreibend, krampflösend.

*Basilikum blühend*

# Majoran

*Origanum majorana*
Familie: Lippenblütler

Die mildeste und lieblichste *Origanum*-Art.
**Merkmale:** Einjährig; bis 50 cm hoch; weiße oder rosarote Blüten von Juli bis Oktober; intensiver, würziger Duft.
**Inhaltsstoffe:** Ätherisches Öl, Gerb- und Bitterstoffe.
**Kultur:** Sonnige Lagen, leichtere, humose,

*Majoran*

kalkhaltige Böden. Bei Trockenheit gießen. Anfällig für Bodenpilze, wenn zu naß gehalten. Sommermulch, mit Kompost düngen. Aussaat Anfang Mai in Reihen und die feinen Samen nur dünn mit Erde oder Sand bedecken; später in der Reihe vereinzeln auf 10 – 15 cm.
Kultur im Gefäß möglich.

> Günstige Kultur mit Möhren und Zwiebeln.

**Ernte:** Frisches Kraut nach Bedarf zum Würzen. Für den Winterverbrauch Kraut vor dem Blühen ernten; es sind bis zu drei Schnitte möglich. Gerebelt trocken aufbewahren.
**Küchenverwendung:** Frisches Kraut oder gerebelter, getrockneter Majoran für deftige Kartoffel- und Fleischgerichte, Eintopf sowie Aufläufe, zu Tomaten, Quark u. a. Bei Kochgerichten gegen Ende der Garzeit zufügen!
**Naturheilkunde:** Tee appetitanregend, bei Verdauungsbeschwerden mit Blähungen und Krämpfen, bei Schnupfen.
**Naturkosmetik:** In muskelentspannenden Badezusätzen.

# Origano, Dost

*Origanum vulgare*
Familie: Lippenblütler

Bienenweide! Andere Namen sind Origanum und Wilder Majoran.
**Merkmale:** Mehrjährig; bis 50 cm hoch; mit rosa, roten oder auch weißen Blüten von Juli bis September. Pflanze mit würzigem Geruch.
**Inhaltsstoffe:** Ätherisches Öl, mit Thymol und Carvacrol, Gerb- und Bitterstoffe, Vitamin C.
**Kultur:** Sonnige Lagen, humose, warme, auch trockenere Böden. Mulchen ist vorteilhaft. Aussaat im Frühjahr in Reihen (Abstand: 25 cm). Vermehrung durch Stecklinge, Teilung der Wurzelstöcke; jährlicher Rückschnitt erforderlich.
Kultur im Gefäß möglich.
**Ernte:** Frische, junge Triebe von Frühjahr bis Winteranfang als Würzkraut, während der Vollblüte Schnitt für die Trocknung zu Dost-Tee und Origano-Würze.
**Küchenverwendung:** Frisch und getrocknet zu Fisch, Fleisch, Spaghetti, Pizza, Tomaten, Soßen und Kartoffelgerichten.
**Naturheilkunde:** Origano wirkt appetitanregend, krampflösend und nervenstärkend; bei Erkältung der Harnwege und Rheuma; in Gurgelwässern und als Badezusatz.
**Naturkosmetik:** Zusatz für erholsame Bäder.

*Origano, in der Heilkunde Dost genannt*

## Pastinake

*Pastinaca sativa*
Familie: Doldenblütler

Ganze Pflanze duftet beim Zerreiben aromatisch würzig.
**Merkmale:** Einjährig kultiviert; gelbe Blüten im zweiten Jahr, fleischig verdickte Pfahlwurzel.
**Inhaltsstoffe:** Ätherisches Öl, Cumarine.
**Kultur:** Sonnige Lagen, nährstoffreiche, tiefgründige Gartenböden. Bei Bedarf flüssig düngen im August. Aussaat im März/April in Reihen (Abstand: 30 cm); Kultur wie andere Wurzelgemüse.

> Günstige Kultur mit Kartoffeln, Kopfsalat, Mairüben, Radieschen, Rettich, Rote Bete, Sellerie, Spinat und Zwiebeln.

**Ernte:** Wurzeln werden von Herbst bis Winter geerntet; sie sind zwar winterhart, damit sie jedoch verfügbar bleiben, empfiehlt sich Einschlagen in Sand im Keller. Blätter werden nur im Frühjahr geerntet.
**Küchenverwendung:** Blätter und Sprosse ergeben ausgezeichnetes Wildgemüse; Rüben für Suppen, Eintopf und zu Rindfleisch.
**Naturheilkunde:** Diätgemüse bei Magen- und Darmbeschwerden, harntreibend, diätgeeignet.

*Wurzeln der Pastinake*

*Pastinake*

## Petersilie

*Petroselinum crispum*
Familie: Doldenblütler

**Merkmale:** Zweijährig; bis 30 cm hoch; im zweiten Jahr

# Kräuter-Portraits

*Glattblättrige Petersilie*

*Wurzel-Petersilie*

> Ungünstig ist die Kultur mit Kopf- und Zichoriensalat, günstig mit Gurken, Porree, Radieschen, Rettich, Tomaten und Zwiebeln.

**Ernte:** Zur Frischverwertung fortwährend Blätter von außen, also die älteren zuerst, abnehmen. Zum Kon-

grünlichgelbe Blüten im Juni/Juli. Typisch sind möhrenartige Wurzeln, insbesondere bei den eigentlichen Sorten der Wurzel-Petersilie. Die ganze Pflanze riecht intensiv würzig.

**Inhaltsstoffe:** Ätherisches Öl mit Apiol und Myristicin, Apiin, Vitamine A und C und Mineralstoffe.

**Kultur:** Sonnige bis halbschattige Lagen, humose, nährstoffreiche Böden, jedoch keinen frischen Stallmist geben, Kompostgaben und Flüssigdüngung mit Kräuterjauche. Aussaat ab März, da langsame Keimung mit Markiersaat (Salat oder Radieschen). Bei Kulturproblemen Petersilie getopft aus Vorkultur pflanzen; Winterschutz und Kulturverfrühung mit Vliesen möglich. Kultur im Gefäß möglich.

*Krausblättrige Petersilie*

servieren im Spätsommer sind Trocknen, Frosten und Einsalzen geeignet.
**Küchenverwendung:** Für Suppen, Soßen, Fleischgerichte, Quark und Gemüse. Nicht mitkochen, damit aktive Substanzen nicht zerstört werden!
**Naturheilkunde:** Appetitanregend, verdauungsfördernd, harntreibend, blutreinigend, stimulierend.
**Naturkosmetik:** Gegen Akne und Sommersprossen, beruhigend bei überreizter Haut, haarwuchsfördernd.

# Anis

*Pimpinella anisum*
Familie: Doldenblütler

**Merkmale:** Einjährig; bis 80 cm hoch; kleine weiße oder gelblichweiße Blüten im Juni/Juli; Früchte birnenförmig, behaart und 3 – 5 mm lang. Pflanze riecht süß-würzig.
**Inhaltsstoffe:** In den Früchten ätherisches Öl mit Anethol.
**Kultur:** Sonnige, warme Lagen, humose, kalkhaltige Böden. Gießen meist nicht erforderlich. Keine stickstoffreichen Dünger,

*Anissamen*

um Reife nicht zu verzögern. Aussaat ab April in Reihen mit 30 cm Abstand mit Radieschen als Markiersaat.

Mischkultur nicht üblich.

**Ernte:** Etwa sechs Wochen nach der Blüte erfolgt die Reife der Samen. Ernte der Samenstände beim Braunwerden durch Herausschneiden aus dem Haupttrieb. Trocken aufbewahren.
**Küchenverwendung:** Würzkraut für Gemüse, Salate, Soßen und Quark; Samen für Backwaren, Kompott und Anis-Likör.
**Naturheilkunde:** Tee appetitanregend, verdauungsfördernd, blähungstreibend und krampflösend bei leichten Magenbeschwerden, auswurffördernd bei Husten.

*Anis*

# Große Bibernelle

*Pimpinella major*
Familie: Doldenblütler

**Merkmale:** Mehrjährig; bis 80 cm hoch; Blüten weiß oder rosa von Juni bis August; Wurzeln spindelig mit scharfem rettichartigen Geschmack und bockartigem Geruch.

# Kräuter-Portraits

*Große Bibernelle*

**Ernte:** Wurzeln der Bibernellen werden im Herbst oder Frühjahr geerntet, Blätter nahezu ganzjährig und frisch verzehren. Wurzeln getrocknet in Gläsern aufbewahren.

**Küchenverwendung:** Junge, süßlich scharf-schmeckende Blätter für Suppen (Hamburger Aalsuppe), Soßen und Gemüse.

**Naturheilkunde:** Tee aus Wurzeln wirkt schleimlösend, schweiß- und harntreibend, bei Erkältungen, anregend für Nieren- und Lebertätigkeit, blutreinigend; auch zum Spülen bei Erkrankungen im Mund- und Rachenraum geeignet.

## Spitzwegerich

*Plantago lanceolata*
Familie: Wegerichgewächse

*Pimpinella saxifraga:* **Kleine Pimpinelle,** mit ähnlichen medizinischen Eigenschaften und Verwendungsmöglichkeiten wie *P. major,* wird jedoch nicht oder nur selten kultiviert.

**Inhaltsstoffe:** Ätherisches Öl, Gerbstoffe, Saponine, Cumarine (u. a. Pimpinellin).

**Kultur:** Sonnige Standorte, tiefgründige Böden. In Trockenzeiten im ersten Standjahr gießen, mit Kompost und organischen Düngern düngen. Aussaat ab März bis April in Reihen mit 30 cm Abstand; pflegeleichte Kultur.

Verträglich mit allen schwächer wachsenden mehrjährigen Kräuterarten, Unverträglichkeiten sind nicht bekannt.

Die anderen Wegericharten, wie *P. major* und *P. media*, sind weniger heilkräftig und werden nicht angebaut.

**Merkmale:** Mehrjährig; bis 40 cm hoch; gelblichweiße Blüten von Mai bis September.

**Inhaltsstoffe:** Gerb- und Schleimstoffe, Glykoside, Vitamin C.

**Kultur:** Sonnige bis halbschattige Standorte, nur bescheidene Bodenansprüche. Während der Jugendentwicklung in Trockenzeiten gießen. Nach den Schnitten flüssig mit Kompostwasser (siehe S. 31) oder Kräuterjauche düngen. Aussaat in Reihen mit Abstand von 25 cm ab Ende März.

Mischkultur nicht üblich, jedoch mit allen anderen Kräuterarten verträglich (Unkrautcharakter).

# Portulak

*Spitzwegerich*

*Portulak*

*Blüten des Spitzwegerich*

**Ernte:** Zwei oder drei Schnitte pro Jahr im Sommer, jeweils vor der Blütenbildung, zur Teegewinnung. Trocknen und in Gläsern aufbewahren.
**Küchenverwendung:** Junge Blätter für Salate, Rohkost, Quark oder gekocht für spinatähnliche Gemüse.

**Naturheilkunde:** Antibiotische Wirkung bei Katarrhen der Atemwege und Entzündungen im Mund- und Rachenraum, hustenstillend und krampflösend; auch Preßsaft gilt als Hustenmittel. Äußerlich bei kleineren Wunden, Insektenstichen.
**Naturkosmetik:** Geeignet bei Akne, zur Reizlinderung gegen Hautgrind.

## Portulak

*Portulaca oleracea*
Familie: Portulakgewächse

Es gibt grüne, gelbe und breitblättrige Kulturformen.
**Merkmale:** Einjährig; bis 40 cm hoch; Blüten von Juni bis September.
**Inhaltsstoffe:** Vitamine A, B1, B2, und C, Mineralstoffe.
**Kultur:** Sonnige Standorte, leichtere, humose Böden. Aussaat ab Mai in Reihen (Abstand: 15 cm), feinen Samen nicht mit Erde bedecken, nur anbrausen. Zusätzliche

*Portulak blühend*

Wassergaben in Trockenzeiten. Schnelle Kultur mit mehreren Folgesaaten. Kultur im Gefäß möglich.

> Ungünstige Kultur mit Zwiebeln.

**Ernte:** Nur Frischernte der Triebe und Blätter bis zu den ersten Frösten.

**Küchenverwendung:** Frisch für Salate, Rohkost, Suppen, Gemüse- und Fleischgerichte. Evtl. gefroren aufbewahren.
**Naturheilkunde:** Blutreinigend, verdauungsfördernd, harntreibend (Rohkost); ausgepreßter Saft aus Blättern und Trieben zur Schmerzlinderung bei kleineren Verbrennungen und Entzündungen sowie gegen Sodbrennen.

# Schlüsselblume

*Primula veris*
Familie: Primelgewächse

Schlüsselblumen stehen unter Naturschutz!
**Merkmale:** Mehrjährig; bis 25 cm hoch; gelbe, glockenförmige Blüten ab April/Mai.
**Inhaltsstoffe:** Saponine, Gerbstoffe, Flavonoide, ätherisches Öl, Glykoside.
**Kultur:** Sonnige Lagen, kalkhaltige Böden bevorzugt, Kompostgaben zur Bodenvorbereitung, Mulchen. Aussaat ab August und Jungpflanzenvorkultur (Kaltkeimer!), Ende Mai des darauffolgenden Jahres pflanzen (Abstand 30 × 25 cm).
Kultur im Gefäß möglich.

> Mischkultur nicht üblich. Schwachwachsende Schlüsselblumen können sich schlecht in gemischten Beständen durchsetzen.

**Ernte:** Blüten ab Folgejahr mit Kelchen für Heiltees, Wurzelstöcke für Teemischungen. Blüten und Wurzeln getrocknet aufbewahren.
**Naturheilkunde:** Der Tee ist schleimlösend, auswurffördernd, harntreibend. Teeaufguß bei Husten, Bronchitis und Erkältungen.

*Schlüsselblume*

# Rosmarin

*Rosmarinus officinalis*
Familie: Lippenblütler

Bienenweide!
**Merkmale:** Mehrjähriger Halbstrauch; bis 70 cm hoch; blaßblaue bis violette Blüten von März bis August. Pflanze duftet intensiv würzig.
**Inhaltsstoffe:** Ätherisches Öl mit Cineol, Kampfer und weiteren Terpenen, Flavonoide, Bitter- und Gerbstoffe.
**Kultur:** Geschützte, sonnige Standorte, kalkhaltige, warme und durchlässige Böden. Im ersten Jahr regelmäßig gießen, auch mehrmals mit Kräuterjauchen oder Kompostwasser (siehe S. 31) flüssig düngen. Aussaat ab April in Schalen (lange Keimdauer!). Pflanzung Ende Mai. Vermehrung durch Stecklinge. Weil frostempfindlich in hellen Räumen bei etwa 5 °C überwintern. Dankbar als Kübelpflanze in Zimmer- und Balkonkultur.
Kultur im Gefäß möglich.

*Rosmarin*

Ungünstige Kultur mit Gurken, günstig mit Busch- und Stangenbohnen sowie mit Möhren.

**Ernte:** Junge Triebspitzen ganzjährig frisch ernten. Zum Trocknen vor oder auch noch während der Blüte schneiden.
**Küchenverwendung:** Für Fleisch-, Grill-, Kartoffel- und Gemüsegerichte. Mitkochen! Ferner für Kräuterwein und Kräutergeist.
**Naturheilkunde:** Appetitanregend, bei Völlegefühl, Beschwerden im Magen-, Darm- und Gallenbereich, zu Bädern bei Rheuma. Kräuterwein beliebt bei Kreislaufschwäche. Während der Schwangerschaft nicht in größeren Mengen verwenden!
**Naturkosmetik:** Kreislaufanregende, durchblutungsfördernde Kräuterbäder, belebend bei erschlaffender Haut, gegen Haarausfall.

*Rosmarin blühend*

## Gartensauerampfer

*Rumex rugosus*
Familie: Knöterichgewächse

**Merkmale:** Mehrjährig; bis 70 cm hoch; glatte, pfeilförmige, säuerlich schmeckende Blätter, weiß-rosa Blüten von Mai bis Juli.
**Inhaltsstoffe:** Oxalsäure, Vitamin C, Mineralsalze, Bitter- und Gerbstoffe.
**Kultur:** Sonnige und halbschattige Lagen, feuchte, humose, auch lehmige Böden. Jährlich im Frühjahr mit Kompost düngen. Aussaat ab März/April oder August/September in Reihen (Abstand: 25 cm) und ausdünnen auf 10 – 15 cm in der Reihe. Blütenstiele ausbrechen. Durch Winterschutz oder Bedecken im Frühjahr mit Vliesen ist die Ernte zu verfrühen. Kultur im Gefäß möglich.

Gartensauerampfer

> Läßt viele schwachwüchsige Pflanzenarten neben sich verkümmern! Im Kräutergarten sind keine Unverträglichkeiten mit gleichhohen und ähnlich stark wachsenden Arten bekannt.

**Ernte:** Frischernte der Blätter bis Winterbeginn; einzelne Blätter pflücken und den Herztrieb schonen.
**Küchenverwendung:** Zu Salaten, „Grüne Soße" (siehe S. 67), Suppen und Joghurt, als Gemüse zusammen mit Spinat, Fisch und Quark.
**Naturheilkunde:** Blutreinigend, appetitanregend (Rohkost, Salat); insgesamt immer nur sparsam verwenden; besonders bei Kindern und nicht bei Nierenleiden.
**Naturkosmetik:** Blätter und Wurzeln bei Hautunreinheiten.

## Weinraute

*Ruta graveolens*
Familie: Rautengewächse

**Merkmale:** Mehrjährig; bis 1 m hoch; gelbe Blüten ab Juni. Die ganze Pflanze riecht streng würzig, besonders an warmen Tagen.
**Inhaltsstoffe:** Ätherisches Öl mit dem Flavonglykosid Rutin, Cumarinderivate.
**Kultur:** Sonnige Standorte, bescheidene Bodenansprüche. Jährliche Kompostgabe. Aussaat ab April in Reihen. Auch für Klein-

# Gartensalbei

*Weinraute*

*Kleinhecke aus Weinraute*

hecken mit regelmäßigem Schnitt geeignet; jährlicher Rückschnitt. Winterschutz mit Reisig in rauhen Lagen. Kultur im Gefäß möglich.
**Ernte:** Frische, junge Triebe und Blätter ganzjährig, auch im Winter.
**Küchenverwendung:** Frisch für Fleisch, Fisch, Aalsuppe, Soßen und Kräuterwein. Immer nur sparsam verwenden, nicht mitkochen!
**Naturheilkunde:** Appetitanregend, krampflösend, harntreibend, beruhigend. Vorsicht, in größeren Mengen schädlich, nur als Gewürzkraut einsetzen. Nicht während der Schwangerschaft anwenden!

## Gartensalbei

*Salvia officinalis*
Familie: Lippenblütler

Gartensalbei ist in vielen Sorten erhältlich.
**Merkmale:** Halbstrauch; bis 70 cm hoch; hellblaue bis violette Blüten von Mai bis August. Ganze Pflanze riecht intensiv würzig.

**Muskateller-Salbei** *(Salvia sclarea)* ist starkwüchsiger, noch stärker duftend. Er wird angebaut für Dufterzeugnisse und als attraktive Garten-Zierpflanze.

**Inhaltsstoffe:** Ätherisches Öl, Flavonoide, Gerb- und Bitterstoffe.
**Kultur:** Sonnige Standorte, durchlässige, mit Vorliebe kalkhaltige Böden. Bei Bedarf gießen, jährlich nach dem Ernteschnitt zur Stärkung der Pflanze flüssig düngen. Aussaat ab März in Reihen. Vermehrung durch Absenker. In rauheren Lagen Winterschutz. Kultur im Gefäß möglich.

# Kräuter-Portraits

*Salbei blühend*

*Salbeiblätter*

mulierend, wundheilend. Nicht über längere Zeit einnehmen.
**Naturkosmetik:** Macht fettige, großporige Haut zart, heilt entzündete Hautstellen. Zusatz für Bäder und Gesichtsdampfbäder zum Reinigen.

> Ungünstige Kultur mit Gurken, günstig mit Busch- und Stangenbohnen, Erbsen, Knollenfenchel, Kohlarten und Kohlrabi sowie Möhren.

**Ernte:** Junge Triebe und Blätter frisch den ganzen Sommer lang zum Würzen. Für Teegewinnung zum Trocknen rechtzeitig im Sommer (Juni/Juli) schneiden, damit die Pflanzen bis zum Winter wieder auswachsen können.
**Küchenverwendung:** Frischer und getrockneter Salbei für Fisch-, Fleisch- und Gemüsegerichte, Salbei sparsam verwenden!
**Naturheilkunde:** Zum Gurgeln bei Mund- und Rachenentzündungen, bei Magen- und Darmbeschwerden, schweißhemmend, sti-

## Schwarzer Holunder

*Sambucus nigra*
Familie: Geißblattgewächse

**Merkmale:** Bis 7 m hoher Strauch oder Baum; Blüten weiß bis gelbweiß, im Juni/Juli mit intensivem typischen Duft, überhängende Fruchtstände mit schwarzvioletten Beerenfrüchten.

> Achtung: Unreife, grüne Beeren sollten gar nicht, reife Beeren nicht roh verwendet und gegessen werden. Sie können Übelkeit und Erbrechen hervorrufen.

**Inhaltsstoffe:** Ätherisches Öl, Flavonoide, Gerbstoffe, Schleimstoffe, Glykoside, orga-

*Schwarzer Holunder in Blüte*

nische Säuren und Farbstoffe, Vitamine A und C.
**Kultur:** Sonnige Standorte, nahrhafte, auch genügend feuchte Böden. Mulchen, jährlich mit reichlich Kompost düngen. Gepflanzt werden im Frühjahr ein- und zweijährige Baumschulgehölze von fruchtbaren, einheitlich reifenden Kultursorten ('Haschberg', 'Sambu', 'Korsör' und 'Donau'). Jährlicher Rückschnitt der abgetragenen Fruchtäste.
**Ernte:** Blüten im Juli, Beeren im September bis Oktober.
**Küchenverwendung:** Blüten ausbacken in Teig als Pfannkuchen; Früchte für Säfte, Holundersuppe, Wein, Mus und Gelee sowie als natürlicher Farbstoff für Lebensmittel.
**Naturheilkunde:** Blütentee und heißer Beerensaft sind schweißtreibend bei fieberhaften Erkältungen, harnfördernd und leicht abführend; gegen Schlaflosigkeit, Migräne, Kopfschmerzen.
**Naturkosmetik:** Holunderblütenbäder für geschmeidige Haut, beruhigend und reinigend.

## Pimpinelle, Kleiner Wiesenknopf

*Sanguisorba minor*
Familie: Rosengewächse

**Merkmale:** Mehrjährig; bis 60 cm hoch; ab Mai/Juni rötliche Blütenköpfchen mit grünrötlichen Einzelblüten. Die Blätter schmecken aromatisch, frisch-würzig.
**Inhaltsstoffe:** Gerbstoffe, Saponine, Flavonoide, Vitamin C.
**Kultur:** Sonnige bis halbschattige Lagen, leichtere, kalkhaltige Böden bevorzugt. Mit Kompostgaben jährlich im Frühjahr düngen. Aussaat im Frühjahr in Reihen mit 25 cm Abstand, Vermehrung durch Teilung. Bei Mehltaubefall starker Rückschnitt, danach erfolgt gesunder Neuaustrieb. Blüten-

*Früchte des Schwarzen Holunder*

*Pimpinelle*

**Ernte:** Frische Blätter, auch junge Triebe fast ganzjährig. Das beste Aroma nach einem Regenschauer oder bei genügend Feuchtigkeit.
**Küchenverwendung:** Blätter frisch oder gefrostet für Salate, Eier, Quark, „Grüne Soße" (siehe S. 67), Kräutersuppen und -butter, Gemüse, Tomatengerichte, Fisch sowie Fleisch. Nicht mitkochen!
**Naturheilkunde:** Tee aus frischen Blättern appetitanregend, verdauungsfördernd, blutreinigend.

triebe wegnehmen zur Förderung der Blattentwicklung.
Kultur im Gefäß möglich.

Verträgt sich mit allen mehrjährigen Kräuterarten, die nicht zu stark wachsen und gleiche Wuchshöhe haben.

# Heiligenkraut

*Santolina chamaecyparissus*
Familie: Korbblütler

Dekorative Gartenpflanze. Auch Zypressenkraut genannt.
**Merkmale:** Mehrjährig; bis 50 cm hoch; goldgelbe Blüten ab Mai/Juni. Mit würzigem Duft, bitterer Geschmack.
**Inhaltsstoffe:** Ätherisches Öl, Flavonoide, Gerbstoffe.
**Kultur:** Sonnige Standorte, durchlässige, warme Böden. In rauhen Lagen Winterschutz mit Stroh oder Reisig. Vermehrung

*Pimpinelle blühend*

*Heiligenkraut*

durch Triebstecklinge im Sommer, Absenken und Teilen. Jährlicher Rückschnitt erforderlich, sonst erfolgt von unten Verkahlung. Geeignet auch für Beeteinfassungen. Kultur im Gefäß möglich.
**Ernte:** Blühende Sproßspitzen oder Blüten im Juni/Juli, auch als Trockenblumen und für häusliche Dufterzeugnisse. Getrocknet in Gläsern aufbewahren.
**Naturheilkunde:** Früher als Wurmmittel verwendet, auch krampflösende Eigenschaften werden angegeben. Heute nur noch zur Mottenabwehr gebräuchlich (getrocknet in Beutelchen abfüllen).

## Garten-Bohnenkraut

*Satureja hortensis*
Familie: Lippenblütler

**Merkmale:** Einjährig; bis 40 cm hoch; Blüten weiß oder rosaviolett von Juli bis September; würziger Geruch.

**Berg-Bohnenkraut** (*Satureja montana*) ist mehrjährig, in den Standortansprüchen bescheiden und seine Verwendung ähnlich dem einjährigen Garten-Bohnenkraut.

**Inhaltsstoffe:** Ätherisches Öl mit Carvacrol und Cymol, Schleimstoffe und Gerbstoffe.
**Kultur:** Sonnige, auch halbschattige Standorte, humose, leichtere kalkhaltige Böden; Berg-Bohnenkraut auch im Steingarten und in Mauerritzen. Bei Bedarf gießen, vor der Saat Boden mit Kompost düngen. Folge-Aussaaten ab Anfang April bis Juli in Reihen mit 25 cm Abstand, Lichtkeimer! Berg-Bohnenkraut ist auch durch Teilen vermehrbar. Kultur von Garten- und Berg-Bohnenkraut im Gefäß möglich.

Günstige Kultur mit Busch- und Stangenbohnen, Endivien, Feldsalat, Knollenfenchel, Kopf-, Romana- und Zichoriensalat, Rote Bete, Winterpostelein sowie Zwiebeln.

*Garten-Bohnenkraut*

*Berg-Bohnenkraut*

**Ernte:** Täglich frisches Kraut bis Wintereintritt; zum Trocknen vor der Blüte schneiden, trocknen oder frosten.
**Küchenverwendung:** Frisch oder ge-

# Kräuter-Portraits

*Tripmadam*

trocknet für Fleisch, Wild, Wurst, Hülsenfrüchte, Kartoffelgerichte und Eintopf.
**Naturheilkunde:** Verdauungsfördernd, krampflösend, verhindert Blähungen, wirkt auch auswurffördernd bei Husten.

## Tripmadam

*Sedum reflexum*
Familie: Dickblattgewächse

**Merkmale:** Mehrjährig; bis 25 cm hoch; gelbe Blüten im Juli/August; mit Balgfrüchten, die sich bei Nässe öffnen und die Samen wegschleudern. Blätter schmecken angenehm säuerlich.
**Inhaltsstoffe:** Schleimstoffe, Gerbstoffe, Mineralsalze.
**Kultur:** Sonnige Lagen, sandige, humose, auch trockenere Böden (beliebt in Steingärten). Vermehrung durch Teilen und Absenker, pflegeleicht.
Kultur im Gefäß möglich.

> Verträgt sich mit allen Steingartenpflanzen, wird im Kräutergärten oft durch stark wachsende, wuchernde Arten verdrängt.

**Ernte:** Zarte Triebspitzen und fleischige Blättchen (frisch) ganzjährig, nicht nur während der Blüte. Immer frisch verwenden, auch im Winter.
**Küchenverwendung:** Würzende Beilage und zum Garnieren für Rohkost, Salate, Soßen und für Kräuteressig.
**Naturheilkunde:** Preßsaft aus Krauttrieben und Rohkost blutreinigend, harntreibend.

## Weißer Senf

*Sinapis alba*
Familie: Kreuzblütler

**Merkmale:** Einjährig; bis 1,2 m hoch; Blüten hellgelb von Juni bis September (je nach Aussaattermin), Samen blaßgelb, scharfschmeckend.
**Inhaltsstoffe:** Samen enthalten Senfölglykosid Sinalbin, fettes Öl, Schleimstoffe.
**Kultur:** Sonnige und halbschattige Standorte, kalkhaltige Böden bevorzugt, im allgemeinen jedoch anspruchslos. Wenn

*Weißer Senf*

Kompost vor der Aussaat gegeben wurde, sind keine weiteren Düngungen erforderlich. Mehrere Folge-Aussaaten ab März in Reihen (20 cm Abstand). Schnellkulturen (siehe S. 59) auch im Winter dankbar. Kultur im Gefäß möglich.

> Senf ist geeignet zur reihenweisen Mischkultur im Küchengarten mit allen Gemüsearten. Jedoch Vorsicht bei kohlhernieverseuchten Böden – Senf wirkt begünstigend, daher andere Partnerschaften anstreben.

**Ernte:** Samenernte, wenn die Schoten reif sind, am frühen Morgen, nachtrocknen auf Tüchern in der Sonne. Triebspitzen ernten, sobald sie handhoch sind.
**Küchenverwendung:** Frische Triebspitzen wie Kresse zu Salaten, Rohkost und als Brotbelag. Senfkörner zu Rote Bete, Sauerkonserven und zur eigenen Senfherstellung.
**Naturheilkunde:** Appetitanregend und verdauungsfördernd wie Senf (frisch als Rohkost oder Preßsaft), hautreizend bei äußeren Anwendungen (gemahlene Samen als Senfbrei und Senföl). Vorsichtig anwenden!

## Beinwell

*Symphytum officinale*
Familie: Rauhblattgewächse

**Merkmale:** Mehrjährig; bis 1,5 m hoch; mit malvenfarbenen, rosa, violetten, auch weißen Blüten von Mai bis August; kräftiger Wurzelstock.
**Inhaltsstoffe:** Schleimstoffe, Allantoin, Gerbstoffe, Alkaloide.
**Kultur:** Sonnige, auch halbschattige Lagen, feuchte, nährstoffreiche Böden. Mit Kompost jährlich im Frühjahr düngen. Vermehrung durch Teilen und durch Wurzelstücke, Pflanzung im Frühjahr. Auf genügend weiten Standraum achten, mindestens 1 m.

> Aus Blüten und Blättern lassen sich gelbe und orangefarbene Färbemittel herstellen. Wegen Starkwüchsigkeit nicht für Mischkulturen geeignet.

*Beinwell*

*Beinwellblüten*

**Ernte:** Frische Blätter zur äußeren Anwendung nach Bedarf. Wurzelernte zum Trocknen im Herbst und Frühjahr.

**Naturheilkunde:** Blätter zur kurzfristigen äußeren Anwendung bei Verstauchungen, Blutergüssen und Quetschungen. Überwiegend werden jedoch die Wurzeln, frisch zerquetscht oder getrocknet, für Heilzwecke eingesetzt: Am bekanntesten sind Umschläge bei Brüchen und Wunden, rheumatischen Gelenkerkrankungen und Knochenhautreizungen.
Von innerlichen Anwendungen wird abgeraten!

**Naturkosmetik:** Aufguß aus Wurzeln bei Akne und rissiger Haut.

## Echter Thymian

*Thymus vulgaris*
Familie: Lippenblütler

Bienenweide!
**Merkmale:** Zwergstrauch; bis 40 cm hoch; Blüten rosarot bis dunkellila von Mai bis September. Pflanze duftet stark würzig.

*Thymus* x *citriodorus* = **Zitronen-Thymian**, ähnlich dem Echten Thymian, jedoch mit charakteristischem Zitronenaroma, anspruchsvoller an Boden und Klima, braucht Winterschutz in rauheren Lagen.

**Inhaltsstoffe:** Ätherisches Öl mit Thymol, Gerb- und Bitterstoffe, Flavonoide.

**Kultur:** Sonnige Lagen, kalkhaltige, auch trockenere Böden. Gießen im allgemeinen nicht erforderlich (Pflanze der Trockenregion), mit Kompost im Frühjahr düngen. Aussaat im Frühjahr in Reihen mit 25 cm Abstand; Lichtkeimer! Vermehrung durch Teilung, Absenken und Stecklinge. Pflegeleichte Kultur.
Kultur im Gefäß möglich.

Günstige Kultur mit Kohlarten.

**Ernte:** Fortwährend frische, junge Triebe zum Würzen; zum Trocknen kurz vor der

*Thymian*

# Bockshornklee 139

*Zitronen-Thymian*

## Bockshornklee
*Trigonella foenum-graecum*
Familie: Schmetterlingsblütler

**Merkmale:** Einjährig; bis 40 cm hoch; Blüten gelblichweiß im Mai/Juni. Ganze Pflanze riecht sehr stark und charakteristisch.
**Inhaltsstoffe:** Schleimstoffe, Saponine, Trigonellin, ätherisches Öl, fettes Öl.
**Kultur:** Sonnige Standorte, leichtere, humose Böden. Aussaat ab April in Reihen (Abstand: 25 cm).

> Vielseitig als Misch- und Zwischenkultur geeignet; bei stärkerwachsenden und größeren Partnern können die Zwischenreihen mit Bockshornklee früher geräumt werden.

Blüte. Gegen Mittag ernten, um die bestmögliche Qualität zu sichern.
**Küchenverwendung:** Frisch oder getrocknet mitkochen, bei Fleisch, Wurst, Pasteten, Gemüse, Kartoffeln, Käse, Soßen und Pizza. Zitronen-Thymian auch bei der Herstellung von Kräuterwein und -geist zugeben.
Thymian ist unentbehrlicher Bestandteil der Bouquet garni (siehe S. 67) und vieler Würzkräutermischungen.
**Naturheilkunde:** Schleimlösend, auswurffördernd, krampflindernd bei Husten und Erkrankung der Bronchien, gut geeignet als Badezusatz, für Mundspül- und Gurgelwasser, ist auch magenwirksam, fördert die Verdauung. Nicht über längere Zeit in hohen Dosen anwenden.
**Naturkosmetik:** Als Kompresse oder Gesichtsdampfbad mit reinigender, antiseptischer Wirkung bei fettiger, unreiner Haut. Aufguß zur Kräftigung des Haarbodens.

**Ernte:** Samen sind etwa vier Monate nach

*Bockshornklee*

der Blüte erntereif, werden in Bündeln aufgehängt und nachgetrocknet.
**Küchenverwendung:** Bei uns selten eingesetzt, verschiedentlich gemahlen und geröstet als Fleischgewürz; Bestandteil von Gewürzmischungen, z. B. Curry.
**Naturheilkunde:** Kräftigend, zur Rekonvaleszenz, Breiumschläge bei Nagelbett-Entzündungen; Tee gegen Husten (15 g Samen für 600 ml kochendes Wasser).
**Naturkosmetik:** Zur Hautaktivierung, besonders nach Hautleiden.

# Kapuzinerkresse

*Tropaeolum majus*
Familie: Kapuzinerkressengewächse

Die ganze Pflanze hat kresseartiges, pfeffriges Aroma.
**Merkmale:** Einjährig; bis 30 cm und Jahrestriebe bis 2 m Länge; hübsche, bunte Blüten, süßduftend, von Juni bis November. Kapuzinerkresse ist sehr frostempfindlich.
**Inhaltsstoffe:** Senfölglykosid Glucotropaeolin, reich an Vitamin C.
**Kultur:** Sonnige Standorte, humose, auch leichtere Böden bei ausreichender Wasserversorgung. Nicht zusätzlich düngen, da sonst zu starkwüchsig. Aussaat nach den Eisheiligen, breitwürfig oder in Reihen (Abstand: 30 cm).
Kultur im Gefäß, z. B. in Ampeln, möglich.

Ungünstige Kultur mit Tomaten, günstig mit Erbsen, Gurken, Kartoffeln, Kohlarten und Kohlrabi sowie Stangenbohnen.

**Ernte:** Während des Sommers fortwährend junge Triebe, Blätter und Blüten für Würzzwecke. Nur frisch verwenden!
**Küchenverwendung:** Blüten, Blätter und Triebe nur als frische Zugaben für Salate, Rohkost, Brotbelag, Quark und Kräuteressig; die Knospen sauer eingelegt als Kapernersatz. Nicht in größeren Mengen

*Kapuzinerkresse am Zaun*

*Die attraktiven Blüten der Kapuzinerkresse in Orange und Gelb*

verzehren! Die ebenfalls eßbaren Blüten garnieren attraktiv die Speisen.
**Naturheilkunde:** Appetitanregend, verdauungsfördernd, stimulierend; bei Infektionen der Atem- und der Harnwege.

*Huflattich bei der Blatternte*

*Huflattich zur Blütenernte*

# Huflattich

*Tussilago farfara*
Familie: Korbblütler

**Merkmale:** Mehrjährig; bis 30 cm hoch; gelbe Blüten von Februar bis April, nach der Blüte erscheinen erst die Blätter.
**Inhaltsstoffe:** Schleim- und Gerbstoffe, Inulin, Spuren von Alkaloiden.
**Kultur:** Sonnige und halbschattige Standorte, kalkhaltige, genügend feuchte Böden. Aussaat im Frühjahr mit späterem Vereinzeln auf Abstände von etwa 20 cm. Vermehrung durch Teilung.
**Ernte:** Blütenköpfchen nach dem Aufblühen und Blätter von April bis Juni.
**Küchenverwendung:** Die jungen Blätter abgebrüht als Gemüse oder für Aufläufe und Suppen sollte man nach neueren Erkenntnissen nicht mehr verwenden!
**Naturheilkunde:** Äußerlich zerquetschte Blätter auflegen bei Geschwüren, Venenentzündungen und Verstauchungen; innerlich zur Linderung von trockenem Reizhusten und Schleimhautentzündungen im Mund- und Rachenraum.

> Innere Anwendungen sind zu beschränken auf kurzfristige Einnahmen, weil leberschädigende und krebserregende Substanzen gefunden worden sind.

**Naturkosmetik:** Gesichtswasser für unreine, großporige, fettige, auch entzündete Haut; bei fettigen, schuppigen Haaren Absude von Huflattichblüten.

# Große Brennessel

*Urtica dioica*
Familie: Brennesselgewächse

**Merkmale:** Mehrjährig; zweihäusig, bis 1,2 m hoch; grünliche Blüten von Juni bis Oktober.

# Kräuter-Portraits

*Große Brennessel*

*Gemeiner Baldrian*

*Urtica urens:* Kleine, einjährige Brennessel, wird nicht oder nur selten angebaut.

**Inhaltsstoffe:** Reichlich Chlorophyll, Mineralstoffe, Vitamin C, Flavonoide, in den Wurzeln Stenole.

In den Brennhaaren sind als Nesselgift Acetylcholin, Histamin und Ameisensäure enthalten. Im welken Zustand brennen die Haare nicht mehr.

**Kultur:** Sonnige bis halbschattige Lagen, nährstoffhaltige Böden. Aussaat: Zur Keimung sind relativ hohe Bodentemperaturen erforderlich. Deshalb nicht vor Mai/Juni aussäen. Vorteilhaft ist zusätzliches Bedecken mit Vliesen. Bei kleineren Anbauflächen durch Teilen der Wurzelstöcke.
**Ernte:** Junge Triebe bis zur Blüte fortwährend zur Frischverwendung. Zur Teegewinnung in mehreren Schnitten das nicht blühende Kraut und ab dem dritten Jahr im Herbst oder Frühjahr die Wurzeln. Samenernte: September bis Oktober.

**Küchenverwendung:** Frisches Kraut für Spinatgemüse und Kräutersuppen und roh (abgebrüht) für Frischkräuter-Zubereitungen.
**Naturheilkunde:** Tee harntreibend, blutbildend, Tee gegen Rheumatismus und Harnwegserkrankungen, gegen Frühjahrsmüdigkeit (auch mit Brennesselsaft). Gemahlener Samen wird als Tonikum zur Anregung von Körperfunktionen bei Erschöpfungszuständen noch empfohlen.
**Naturkosmetik:** Spülungen mit Brenneseltee kräftigen das Haar, vermindern Schuppenbildung und Haarausfall (nicht bei blondem Haar anwenden).

## Gemeiner Baldrian

*Valeriana officinalis*
Familie: Baldriangewächse

**Merkmale:** Mehrjährige Staude; 50 cm – 1,5 m hoch; weißliche bis rosarote Blüten von Juni bis August mit angenehmem Duft;

*Baldrianwurzel*

**Naturheilkunde:** Tee und Tinktur (Baldriantropfen) wirken nervenberuhigend, schlaffördernd, auch bei nervösbedingten Magen-, Darm- und Herzbeschwerden, wenn keine anderen Ursachen vorliegen.
**Naturkosmetik:** Als Badezusatz zur Entspannung.

## Königskerze

*Verbascum thapsus*
Familie: Rachenblütler

Besonders dekorativ im Kräutergarten. Bienenweide!
**Merkmale:** Zweijährig; bis 2 m hoch; im zweiten Jahr gelbe Blüten von Juli bis September.
**Inhaltsstoffe:** Schleimstoffe, Saponine, Flavonoide.

kurzer walzenförmiger Wurzelstock mit starker Geruchsbildung beim Trocknen.
**Inhaltsstoffe:** Ätherisches Öl, Valepotriate, geringe Mengen Alkaloide, Glykoside.
**Kultur:** Sonnige bis halbschattige Standorte, humose nährstoffreiche Böden. Vor der Pflanzung Kompost geben. Aussaat im Herbst oder Frühjahr (breitwürfig; Pflanzung auf 40 × 40 cm Abstand). Vermehrung durch Teilung.
Kultur im Gefäß möglich.

Mischkultur nicht üblich, dominiert extrem stark.

**Ernte:** Wurzeln im Oktober oder zeitigen Frühjahr; Waschen, eventuell Teilen des Wurzelstockes und Trocknen.

*Königskerze*

# Kräuter-Portraits

*Echtes Eisenkraut, einst Kult- und Zauberkraut*

**Kultur:** Sonnige Standorte, nährstoffreiche Böden. Aussaat im Frühjahr in Reihen und später auf etwa 50 cm Abstand vereinzeln, Selbstaussaat.
Kultur im Gefäß möglich.
**Ernte:** Blüten werden fortwährend im Sommer gepflückt und schonend auf Tüchern getrocknet.
**Naturheilkunde:** Tee aus Blüten wirkt schleimlösend und reizmildernd, bei Bronchitis, Husten und Heiserkeit, auch blutreinigend und harntreibend, gibt dem Tee eine schöne Farbe („Schmuckdroge"), Blüten der Königskerze auch zum Aromatisieren von Likören.
**Naturkosmetik:** Tee bei Hautunreinheiten.

## Echtes Eisenkraut

*Verbena officinalis*
Familie: Eisenkrautgewächse

**Merkmale:** Mehrjährig; bis 1 m hoch; ab Sommer blaßviolette Blüten. Blätter duften angenehm aromatisch.
**Inhaltsstoffe:** Iridoidglykoside, ätherisches Öl, Schleimstoffe.
**Kultur:** Sonnige Lagen, alle Bodenarten geeignet, sonst anspruchslos. Mit Kompost vor der Saat und jährlich im Frühjahr düngen, Mulchen vorteilhaft. Vermehrung durch Teilen älterer Wurzelstöcke im Herbst oder Frühjahr.
Kultur im Gefäß möglich.
**Ernte:** Ganzes Kraut kurz vor oder zur Blüte. Getrocknet in Gläsern oder Dosen aufbewahren.
**Naturheilkunde:** Tee stoffwechselanregend, harntreibend, krampflösend, bei Heiserkeit gurgeln; früher häufiger bei unterschiedlichsten Beschwerden eingesetzt, heute kaum noch verwendet. Äußerliche Anwendung der frisch zerstoßenen Blätter soll die Wundheilung unterstützen.
**Naturkosmetik:** Für Eisenkraut-Gesichtswasser, bei fettiger Haut anwenden.

In Mischkultur, soweit bekannt, mit allen mittelstark wachsenden Kräuterarten verträglich.

# Jahres-Arbeitskalender

## Januar

**Planung** — Aufstellen einer Bedarfs- und Bestell-Liste für Samen, Pflanzen und Hilfsmittel. Ideen-Skizze für Neuplanung und Umgestaltung des Kräutergartens. Namens-Etiketten überprüfen und evtl. neu beschriften.

**Keimprobe** — Keimproben von überlagertem Saatgut vornehmen.

**Bodenproben** — Für vorgesehene Neuanlagen Bodenproben untersuchen lassen.

**Aussaat** — Weitere Aussaaten für Keimsprossen-Kulturen. Auch Kresse-Tierchen von Kindern besäen lassen.

**Pflanzenschutz** — Vorsorge im biologischen Pflanzenschutz durch angemessene Vogelfütterung und dem Bau von Nistkästen für Singvögel.

**Gestaltung** — Kreative Arbeiten in Ton, Keramik, Stein oder Schmiedeeisen zur attraktiven Gartengestaltung – eigene Werke der Volkskunst!

## Februar

**Planung** — Skizze anfertigen für den Balkon- bzw. Terrassen-Kräutergarten zur Erleichterung der Gefäß- und Pflanzenbeschaffung.

**Überwinterung** — Überwinterte Kübelpflanzen, wie z. B. Rosmarin, Zitronenstrauch und Lorbeer, beginnen zu treiben. Jetzt auf frühen Schädlingsbefall (Blatt- und Schildläuse, Weiße Fliege) achten und bekämpfen, mäßig gießen.

**Ernteverfrühung** — Beginn der Schutzbedeckung mit Folien und Vliesen bei milder Witterung und offenem Boden zur Ernteverfrühung. Vorher jedoch isolierende Mulchmaterialien wegräumen.

**Frühbeet** — Sind Frühbeetfenster vorhanden, einen mobilen Unterbau für Wanderkasten bauen.

**Kräuterspirale** — Für die Anlage einer Kräuterspirale die Vorbereitungen treffen, den Rohaufbau bereits erstellen und den Folienteich ausheben.

**Kräuterbeete** — Auch kann für Kräuterhoch- und -hügelbeete bereits der Grundaufbau erfolgen.

**Aussaat** — Erste Aussaaten für die eigene Jungpflanzenanzucht auf der Fensterbank, auch im Mini-Gewächshaus sowie Kisten- und Schalenaussaaten im Wintergarten und Glashaus.

## März

**Beetvorbereitung** — „Frühjahrsputz", indem Schutzbedeckungen mit Reisig, Stroh und Wintermulchschichten weggeräumt werden,

|  |  |
|---|---|
| | damit sich der Boden leichter erwärmen kann. Rückschnitt verholzter Kräuter und Entfernen abgestorbener Staudenteile. Kräuterhügel- und -hochbeete fertig anlegen, auch die Kräuterspirale pflanzfertig richten. |
| Aussaat | Weitere Kräuter-Aussaaten für geschützte Vorkulturen, z. B. Paprika, Dill, Basilikum, Portulak, Majoran, Schnitt-Sellerie. Erste Freiland-Direktaussaaten von Petersilie, Kerbel, Boretsch, Breitblättriger Gartenkresse und Rauke. |
| Pflanzung | Ausbringen der ersten Sätze von Steckzwiebeln und Knoblauchzehen ins Freiland. Die Pflanzung der mehrjährigen Kräuter Melisse, Pimpinelle, Liebstöckel, Beifuß, Beinwell und Dost (Origano) kann beginnen. Zur letzten Bodenvorbereitung noch Kompost einarbeiten und Steinmehl streuen. |
| Gartenwege | Gartenwege mit Rindenmulch oder Holzhäcksel belegen. |

## April

|  |  |
|---|---|
| Kübelpflanzen | Gefäße für Kübelgärten herrichten und bepflanzen, umtopfen und mit neuer Erde versehen, organische Dünger zur langsam fließenden Ernährung beifügen. |
| Pflanzung | Pflanzzeit für Neuanlagen von Kräutergärten, auch der Kräuterspirale. |
| Vermehrung | Jetzt Minze-Arten durch Teilen oder Stolonen vermehren. Im Mini-Gewächshaus oder in großen Einmachgläsern die mehrjährigen Kräuter wie Rosmarin, Lavendel, Wermut, Melisse und Salbei durch Stecklinge vermehren. Jetzt auch den würzigen Deutschen Estragon mit dessen Ausläufern oder durch vorsichtiges Teilen vermehren sowie Meerrettich mit Fechsern auf gut vorbereiteten Beeten. |
| Aussaat | Auf Wechselflächen können die ein- und zweijährigen Arten gesät werden. Weniger empfindliche Kräuterarten, wie z. B. Senf, Schnittlauch, Fenchel, Koriander und Lein, direkt ins Freiland säen und evtl. mit gelochten Flachfolien oder Vliesen bedecken, um sicheren Aufgang zu gewährleisten. |
| Pflanzenschutz | Bei Saatkulturen, vor allem unter Folien und Vliesen, auf frühen Befall durch Nacktschnecken achten und evtl. mit biotechnischen Maßnahmen bekämpfen. |
| Gründüngung | Zeit für Gründüngungssaaten zur Vorbereitung von strapazierten Flächen, z. B. durch Neubauten oder nach Wiesenumbruch, zur Vorbereitung von künftigen Kräuterneuanlagen. |
| Ernte | Von Schlüsselblumen sind die Blüten zu ernten und für Tee zu trocknen. |

## Mai

**Aussaat** Aussaaten empfindlicherer Kräuterarten, wie z. B. Kapuzinerkresse, Buchweizen, Bohnenkraut, Majoran und Basilikum, an geschützten Stellen des Freilandes. Folgesätze von Kresse, Rauke und Senf aussäen, damit Frischkräuterernte kontinuierlich möglich sein kann.

**Vermehrung** Vermehrung verschiedener mehrjähriger Kräuter durch Absenker, z. B. Heiligenkraut, Thymian, Berg-Bohnenkraut.

**Mulchen** Sommermulch mit organischen Materialien, nach genügender Bodenerwärmung, in Schichtdicke von 2 – 4 cm ausbringen. Den Boden des Kräutergartens vorher mit Sauzahn aufrauhen. Ende Mai ausgepflanzte Paprika und Peperoni mulchen.

**Mischkultur** Kräuterarten in Mischkulturen des Nutz- und Ziergartens integrieren.

**Balkon** Balkon-Kräuterei beginnt mit Aussaaten, Pflanzungen und Gestaltung.

**Ernte** Inzwischen liefern auch die ausdauernden Kräuter reichlich Grün für die Frischernte.

## Juni

**Ernte** Im Juni beginnt bereits die Kräuterernte für die Teegewinnung, z. B. Zitronenmelisse, Waldmeister, Weinraute und Bärwurz. Vom Holunder sind die Blüten zu pflücken und sorgfältig im Schatten zu trocknen.

**Pflanzenschutz** Beim Pflanzenschutz alle Möglichkeiten der biologischen Bekämpfung nutzen, um Nützlinge zu schonen und unbedenkliche Heil- und Würzkräuter zu erhalten. Beispielsweise kann man Schneckenfallen oder Schneckenzäune aufstellen oder Kulturnetze einsetzen zum Schutz vor Lauchmotte, Zwiebelfliege und zur Verminderung des Blattlausbefalles.

**Kompost** Kräuterreste beim Aufbereiten der Ernte dienen kurzgeschnitten zu guter Kompostbereitung.

**Brühen und Jauchen** Herstellung von Kräuterbrühen und Kräuterjauchen zur Ernährung und Pflanzenstärkung.

**Düngung** In mobilen Kräutergärten Kopfdüngungen beachten und Kräuterjauchen sowie Komposttee dazu verwenden.

**Pflege** Blütenstände bei Sauerampfer und Pimpinelle ausbrechen, um die Blatternte zu verbessern. Meerrettich aufgraben und die Seitenwurzeln abreiben, damit kräftige Stangen gebildet werden können.

## Juli

**Ernte** — Samen von Anis, Koriander, Kümmel und Dill taufrisch am Morgen ernten, in der Sonne nachtrocknen lassen und ausklopfen. Wird in Büscheln zum Trocknen aufgehängt, dann mit luftdurchlässigen Säckchen umbinden, damit ausfallende Samen nicht verlorengehen. Regelmäßiges Abpflücken der Blüten von Königskerze und Malven zum Trocknen für Tee.

**Aufbewahrung** — Stehen Blattkräuter im Übermaß zur Ernte an, kann Aufbereiten und Konservieren auch durch Einfrieren sowie Einlegen in Essig, Öl oder Salz erfolgen.

**Pflege** — Kräuterrasen mit Rasenmäher (hochgestellte Messer) schneiden und möglichst nicht zum Blühen kommen lassen. Während extremer Trockenzeiten im Kräutergarten wässern, damit Wachstum und Ertrag nicht beeinträchtigt werden.

**Mulchen** — Wiederholtes Mulchen (Sommermulch) hilft Wasser sparen und fördert die natürliche Bodenfruchtbarkeit.

**Düngung** — Bei Stickstoffmangel, erkenntlich an Schwachwuchs und gelblichen Blättern mit Kräuterjauchen oder Komposttee zusätzlich düngen.

**Pflanzenschutz** — Kräftiger Rückschnitt bei Mehltau- und Rostbefall, z. B. an Pimpinelle, Minzen und Melisse.

## August

**Gründüngung** — Auf Flächen für Kräuterneuanlagen des nächsten Jahres jetzt noch Gründüngungskulturen mit Phazelia, Senf oder Ölrettich durch Aussaaten beginnen.

**Ernte** — Haupterntezeit der Duftkräuter zur Konservierung der Pflanzendüfte für den Winter. Vor allem mit Blütendüften können wir Potpourris herstellen und zusammen mit Kontaktduftern Duftkissen, Duftöle, Duftwasser und vieles mehr. Mit attraktiven frischen Duftsträußen läßt sich das Wohnumfeld und Raumklima angenehmer gestalten.

**Aufbewahrung** — Bei anhaltender feuchter Witterung während der Kräuteraufbereitung muß die natürliche Trocknung evtl. durch eine zusätzliche Nachbehandlung in der Backröhre oder in speziellen Trocknungsapparaten erfolgen. Dabei darf die Trocknungstemperatur 45 °C nicht übersteigen, um Wirkstoffverlusten vorzubeugen.

**Aussaat** — Aussaat der zweijährigen Kräuterarten, nämlich von Petersilie, Kümmel, Löffelkraut und Barbarakraut, in Reihen im Küchenkräutergarten, aber auch von Echter Engelwurz

(Angelika) und Königskerze. Für Frischkräuterernten im Herbst bis Winterbeginn nochmals Dill, Kerbel, Kresse, Garten-Bohnenkraut und Rauke aussäen.

## September

**Kälteschutz** Anhaltend kühle Witterung im September beeinträchtigt empfindlichere Kulturen, wie z. B. Basilikum, aber auch Dill und Majoran, in ihrer Entwicklung. Deshalb können wir im Küchengarten die Beete bereits jetzt schon übertunneln oder mit Vliesen bedecken.

**Pflanzung** Für die Überwinterungskultur von Knoblauch Zehen ins Freiland in Reihen mit Abständen von etwa 20 cm legen.

**Winterkultur** Schnittlauch, bereits teilweise eingezogen, wird ballenweise ausgegraben und oben auf den Beeten liegengelassen, soll antrocknen und ganz in Ruhezustand kommen. Später kann man je nach Größe die Ballen teilen, eintopfen, in den Boden die Töpfe einsenken und ab November nach Bedarf zum Treiben aufstellen.

Im Juli ausgesäte Pflanzen von Blatt-Petersilie jetzt eintopfen für die Winterkultur. Ähnlich kann man auch mit Winter-Dill und Kerbel für Zimmerkulturen verfahren.

**Ernte** Von Kapuzinerkresse Knospen und unreife, grüne Samen pflücken und als Kapern-Ersatz sauer einlegen.

## Oktober

**Ernte** Noch vor den ersten Frösten alle kälteempfindlichen Kräuter des ungeschützten Freilandanbaues, wie z. B. Majoran, Basilikum, Bohnenkraut und Dill, ernten und durch Trocknen, Einfrieren oder Einlegen in Essig oder Öl haltbar machen. Paprika-Kultur mit Frühbeetfenstern überbauen, um noch einige Wochen länger Früchte ernten zu können.

**Winterkultur** Im Kräutergarten ausgepflanzte Kübelpflanzen, wie z. B. Zitronenstrauch, auch Lorbeer und Rosmarin, wieder eintopfen, vor Ort noch einige Zeit stehenlassen, bis sie vor dem ersten Reif in die Winterquartiere kommen.

**Pflanzung** Bei Neuanlagen von Kräutergärten dürfen bereits die mehrjährigen Arten an Ort und Stelle gepflanzt werden. Sie können teilweise noch anwurzeln, sollten jedoch im ersten Winter Deckschutz erhalten.

**Vermehrung** Ältere Wurzelstöcke ausdauernder Kräuterarten, wie z. B. von Liebstöckel, Eibisch und Beinwell, lassen sich jetzt teilen und umpflanzen.

## November

| | |
|---|---|
| **Ernte** | Wurzelkräuter ernten, aufbereiten und trocknen. |
| **Lagerung** | Kellereinschlag in Sand für Pastinaken und Wurzel-Petersilie. |
| **Winterkultur** | Einzelne Rüben von Wurzel-Petersilie eintopfen und für Zimmerkulturen zum Treiben aufstellen. Für Schnittlauch-Treiberei die ersten Töpfe aus dem Einschlag nehmen und, falls sie nicht durchgefroren waren, in einem Wasserbad von 35 – 45 °C vorbehandeln, um den Austrieb zu stimulieren. |
| **Winterschutz** | Kräutergarten einwintern mit bis 10 cm starker Mulchschicht organischer Materialien und vor den ersten Frösten, vor allem in windreichen, rauheren Lagen, mit Reisig schützen. |
| **Pflege** | Um ordentliches Aussehen zu erreichen, die Kräuter maßvoll zurückschneiden. Freie Beete der einjährigen Kräuterkulturen bei schwereren Böden umgraben, damit durch Frostgare Krümelung erreicht wird. |
| **Kübelpflanzen** | Kübelpflanzen, inzwischen auch zurückgeschnitten, müssen nun in die Winterräume. |

## Dezember

| | |
|---|---|
| **Winterschutz** | Alle Wassergefäße, auch die Behälter für Kräuterbrühen sowie Sommer-Wasserleitungen entleeren. |
| **Gewächshaus** | Im Klein-Gewächshaus aufgespritzte Sommerschattierungen ganz entfernen und das Glas abwaschen, damit das Winterlicht den Kulturen bestmöglichst verfügbar ist. |
| **Ernte** | Aus geschützter Kultur können wir noch Rauke, Winter-Portulak und Dillkraut ernten sowie Löffelkraut im Freien den ganzen Winter über. |
| **Winterkultur** | Knoblauchzehen in Töpfen mit Erde stecken für Schnitt-Kultur auf dem Fensterbrett. Mit Keimsprossen-Kulturen beginnen und regelmäßige Folgesaaten durchführen. |

## Bezugsquellen

Fa. Samen-Sperling
Saatzucht
Hamburgerstr. 27
21339 Lüneburg
(Kräutersamen, Spezialitäten)

Fa. Romberg und Sohn
Werner von Siemens-Str. 13
25479 Ellerau
(Anzucht-, Kleinstgewächshäuser)

Gärtnerei Kräuterzauber
Daniel Rühlemann
Am Himpberg 33
27367 Stuckenborstel
(besonders seltene Kräuter)

Institut für naturgerechte Tier- und Pflanzenzucht
Waldweg 18
53949 Dahlem-Frauenkron
(Kräuter, Samen, Beratung)

Fa. A. Bernhardt
Postfach 364
63263 Neu-Isenburg
(Folien und Vliese zur Kulturverfrühung)

Scherneck
Lanzenhainer Str. 5
64686 Lautertal-Eichelhain (Vogelsberg)
(Kräuterpflanzen, Samen, Kräuterkurse)

Fa. Blauetikett, Bornträger und Schlemmer
Postfach 5
67591 Offstein
(Kräuter-Jungpflanzen, Samen)

Reinhold Krämer
Weißensteihestr. 95
73525 Schwäbisch Gmünd
(Kräuter- und Gemüsesamen für Liebhaber)

Syringa-Versand
B. Dittrich
Postfach 1203
78244 Gottmadingen
(Duftpflanzen, Saatgut, Dufterzeugnisse)

Fa. Chrestensen
Postfach 1000
99001 Erfurt
(Kräutersamen und Jungpflanzen)

Fa. Samen-Mauser
Zürich-Str. 98
CH-8600 Dübendorf
(Kräutersamen)

### Biogarten-Bedarf

Roswitha Kriete
Postfach 770116
28701 Bremen

Fa. Neudorff
Postfach 1209
31857 Emmerthal
(Pflanzenschutz- und -pflegemittel)

Maria Thun Verlag
Postfach 1518
35205 Biedenkopf
(Aussaattage)

Wilde Rose
Postfach
49324 Melle
(Kräuterprodukte, Seminare)

Fa. Schwegler
Heinkelstr. 35
73614 Schorndorf
(Vogel- und Naturschutzprodukte)

Fa. BioFa
Stuttgarter Str. 45/1
72555 Metzingen
(Pflanzenpflegemittel)

Snoek GmbH
Postfach 10
88146 Opfenbach
(Pflanzenschutz- und -pflegemittel)

Corna-Werke
Postfach 905
89073 Ulm
(Organische Dünger und Pflanzenpflegemittel)

Richard Guhl
Deberndorfer Str. 5
90556 Cadolzburg

Bio-Schutz Monika Forster
Postfach 12
92727 Waldthurn

Zimmerli Mineralwerk
Hohlstr. 500
CH-8048 Zürich

Thomas Pfau
Juchstr. 27
CH-8116 Würenlos

Stoeckler Bio Agrar
Neuhofstr. 5
CH-8630 Rüri

### Bodenuntersuchungsinstitute

Staatliche Bodenuntersuchungsanstalten

Sächs. Landesanstalt für Landwirtschaft
Institut für landwirtschaftliche Untersuchungen
– LUFA Leipzig/Möckern –
Gustav-Kühn-Str. 8
04159 Leipzig

LUFA des Landes Sachsen-Anhalt
Schiepziger Str. 29
06120 Halle/Lettin

LUFA Thüringen
Naumburger Str. 98
07743 Jena

LUFA Potsdam
Templiner Str. 21
14473 Potsdam

LUFA Rostock
Graf-Lippe-Str. 1
18059 Rostock

Institut für Angewandte Botanik
Abt. KVT
Marseiller Str. 7
20355 Hamburg

LUFA Kiel
Institut f. Tiergesundheit und Lebensmittelqualität
Gutenbergstr. 75–77
24116 Kiel

LUFA der Landwirtschaftskammer Weser-Ems
Jägerstr. 23–27
26121 Oldenburg

LUFA Hameln
Finkenborner Weg 1a
31787 Hameln

Hessische Landwirtschaftliche Versuchsanstalt
Landwirtschaftliches Untersuchungsamt
Am Versuchsfeld 13
34128 Kassel/Harleshausen

LUFA Westfalen-Lippe
Nevinghoff 40
48147 Münster

LUFA Bonn/Landwirtschaftskammer
Siebengebirgsstr. 200
53229 Bonn

Landeslehr- und Versuchsanstalt für Landwirtschaft, Weinbau und Gartenbau
Institut für Bodenkunde
Egbertstr. 18
54295 Trier

Hess. Landwirtschaftliche Versuchsanstalt
Rheinstr. 91
64295 Darmstadt

LUFA Speyer
Bezirksverband Pfalz
Obere Langgasse 40
67346 Speyer

Landesanstalt für landwirtschaftliche Chemie
– Bodenabteilung –
Emil-Wolff-Str. 14
70599 Stuttgart

LUFA Augustenberg
Neßlerstr. 23
76227 Karlsruhe

Bayerische Hauptversuchsanstalt für Landwirtschaft
85350 Freising/Weihenstephan

Bayerische Landesanstalt für Weinbau und Gartenbau
Abt. Kellerwirtschaft und Untersuchungswesen
Herrnstr. 8
97209 Veitshöchheim

LUFA = Landwirtschaftliche Untersuchungs- und Forschungsanstalt

### Private Bodenuntersuchungsstellen

Bodenuntersuchungsinstitut Koldingen
Holländerei 22
30982 Pattensen

Dr. Fritz Balzer
Oberer Ellenberg 5
35083 Amönau

Institut für Mikrobiologie und Biochemie
Kornmarkt 34
55758 Herborn

Labor für Umweltschutz und chemische Analytik
Dieter Immekus
Riedholz 46 a
88167 Maierhöfen

### Österreich

Höhere Bundeslehr- und Versuchsanstalt für Gartenbau
Grünbergstr. 24
A-1131 Wien/Schönbrunn

Bundesanstalt für Bodenwirtschaft
Denisstr. 31–33
A-1200 Wien

Bundesanstalt für Agrarbiologie
Wieninger Str. 8
A-4020 Linz

Tiroler Landwirtschaftliche Untersuchungs- und Versuchsanstalt
– LUVA –
A-6200 Rotholz 46

Landwirtschaftlich-chemische Landesversuchs- und Untersuchungsanstalt
Burggasse 2
A-8010 Graz

### Schweiz

E. Schweizer
Samen A.G.
Maienstr. 8
CH-3602 Thun

UFAG Laboratorien
Kornfeldstr. 2
CH-6210 Sursee

Labor Roth A. G.
Rieterstr. 102
CH-8002 Zürich

### Literatur

Hensel, W.: Das Kosmos-Kräuterbuch. Franckh-Kosmos Verlag, Stuttgart 1994

Koristka, W., Bott, C., Bott-Bächle, L.: Der Kosmos-Ideengeber Kräutergarten. Franckh-Kosmos Verlag, Stuttgart 1990

Mollison, B., Holmgren, D.: Permakultur I/II (permanent agriculture). Pala-Verlag, 1978

Scherneck, S.: Heilpflanzenbau im Hohen Vogelsberg (Mandala-Garten). Garten und Landbau organisch, Nr. 3, 1989

Schönfelder, I., Schönfelder, P.: Kosmos Naturführer Heilpflanzen. Franckh-Kosmos Verlag, Stuttgart 1992

Seitz, P.: Duftpflanzen. Franckh-Kosmos Verlag, Stuttgart 1992

Seitz, P.: Gartenapotheke. Franckh-Kosmos Verlag, Stuttgart 1992

Seitz, P.: Kompost und Boden. Franckh-Kosmos Verlag, Stuttgart 1994

Seitz, P.: Kosmos Naturführer Küchen- und Duftkräuter. Franckh-Kosmos Verlag, Stuttgart 1993

Seitz, P.: Küchenkräuter. Franckh-Kosmos Verlag, Stuttgart 1992

Thun, M.: Erfahrungen für den Garten. Franckh-Kosmos Verlag, Stuttgart 1994

# Register

**Halbfett** gedruckte Seitenzahlen weisen auf Abbildungen hin.

**A**bsenker 37, **37**
*Achillea millefolium* 82
Adlerfarn 34
Alant, Echter 54, 107, **107, 108**
*Allium ascalonium* 83
*Allium cepa* 83
*Allium cepa* var. *viviparum* 83
*Allium fistulosum* 83
*Allium sativum* 84
*Allium schoenoprasum* 84
*Allium tuberosum* 85
*Allium ursinum* 85
Aloe, Echte 53, 86, **86**
*Aloë saponaria* 86, **87**
*Aloë vera* 53, 86, **86**
*Aloysia triphylla* 87
*Althaea officinalis* 87
Ananasminze 116
Andorn, Weißer 114, **114**
*Anethum graveolens* 88
*Angelica archangelica* 89
Anis 125, **125**
*Anthemis nobilis* 99
*Anthriscus cerefolium* 90
Apfelminze 116, **116**
Apothekergarten 9
*Armoracia rusticana* 90
*Arnica montana* 91
Arnika, Berg- 91, **92**
Arnika-Tinktur 78
Aromagarten 51
*Artemisia abrotanum* 92
*Artemisia absinthium* 92
*Artemisia dracunculus* 93
*Artemisia vulgaris* 94
Ätherische Öle 13
Augentrost 53
Ausläufer, Wurzel- 36–37, **36**
Aussaat 18, 27–28, 35
Auszug, Kräuter- 32

**B**adekräuter 74, **74**
Baldrian, Gemeiner 142, **142, 143**
Balkon 55–57
Barbarakraut 94, **94**
*Barbarea vulgaris* 94
Bärendill 117
Bärlauch 85, **86**
Bärwurz 117, **117**
Basilikum 26, 65, **66**, 120, **120, 121**
Beifuß 32, 94, **94**

Beinwell 53, 137, **137**
Bewässerung 18, 30–31
Bibernelle, Große 125, **126**
Bienen 54
Bockshornklee 139, **139**
Boden 20, 22–24
bodengesundende Wirkung 24
Bodenverbesserung 23
Bodenvorbereitung 17, 23–24
Bohnenkraut, 26, 65
Bohnenkraut, Berg- 135, **135**
Bohnenkraut, Garten- 135, **135**
*Borago officinalis* 95
Boretsch **10**, 26, 32, **54**, 95, **95**
Breiumschlag 73
Brennessel, Große 34, 141, **142**
Brennessel, Kleine 142
Brühen 32–34
Brunnenkresse 118, **118, 119**

**C**alendula officinalis 95
*Capsicum annuum* 96
*Carum carvi* 97
*Centaurium erythraea* 98
*Chamaemelum nobile* 99
*Chamomilla recutita* 99
Chilies 97
Circle Gardening 49, **49**
*Cochlearia officinalis* 100
*Coriandrum sativum* 101
Creme 73
Creme, Holunderblüten- 77
*Cuminum cyminum* 97

**D**ekoratives 78–80
Dill 26, 32, 59, 65, 88, **88**
Direktsaat 28–29, **29**
Dost 32, 122, **122**
Drachenkopf 102, **103**
*Dracocephalum moldavica* 102
Drogen 10
Duft 15–16
Duft-Senkgarten **40, 41**, 51
Duftbecher 80
duftende Bodendecker 38
Dufter, Kontakt- 15
Dufter, Spontan- 15
Duftgarten 51, **52**
Dufthecke 38

Duftkissen 78–79, **79**
Duftkugeln 80
Duftpfad 38
Duftrad **43**, 44
Duftrasen 38
Duftsäckchen 78–79, **78**
Duft-Veilchen 15, **15**
Düngung 18, 30–31, **31**

**E**berraute 53, 92, **92**
Eibisch, Echter 87, **88**
Einfrieren 63, **63**
Einsalzen 64, **64**
Eisenkraut, Echtes 144, **144**
Engelwurz, Echte 32, 89, **89**
Enzianwurzel 72
Ernte 18, 60–61
*Eruca sativa* 103
Estragon 32, 65, 93, **93**
Extrakt 34

**F**ärberginster 54
Färberkamille 54
Färber-Kräutergarten 53–54
Färberpflanzen 54
Färberreseda 54
Färberröte 54
Färbersaflor 54
Färberwaid **53**, 54
Farnkräuter 34
Fenchel, Arznei- **22,** 32, 53, 65, 104, **104**
Fenster-Kräutergarten 57–59
Findhorn-Garten 49
*Foeniculum vulgare* 104
Folie 29
Foliensack, Kräuterkultur im 56, **56**
Frauenmantel 53, **53**, 70
Frischsaft 73
Fruchtwechsel 18
Futterpflanzen für Nützlinge 32

**G**alium odoratum 105
Gartenkresse 110, **111**
Geschichte 7–10
Gestaltung 37–38
Gewächshaus, Mini- 27
Gewürzkräutermischung 66
Gießen 18, 30–31
Goldmelisse 118
Goldrute 54
Gründüngung 23
Grüne Soße 67, **67**

**H**altbar machen 61–64
Hausapotheke, Kräuter der 75
Heiligenkraut 70, 134, **134**
Heilkräuter 16, 70–75
Heilkunde 70–75
Heilsalbe 73
Herzgespann 109, **110**
Hildegard von Bingen 8
Hippokrates 7
Hirtentäschel 73, **73**
Hochbeet 46–47
Holunder, Schwarzer 75, 132, **133**
Holunderblüten-Creme 77
Hopfen 54, **54,** 73
Hügelbeet 46–48, **46, 47**
Hügelbeet, Rund- 47–48, **48**
Huflattich 141, **141**
Hummeln 54
*Hypericum perforatum* 105
*Hyssopus officinalis* 106

**I**ndianernessel 118, **118**
Inhaltsstoffe 12
Insekten-Kräutergarten 54
*Inula helenium* 107

**J**auchen 32–34
Jauche, Brennessel- 32, **32, 33**
Jiffy 7 28, **28**
Johanniskraut, Tüpfel- **72,** 75, 105, **106**
Jungpflanzen, Aufzucht von 27–28, **28**

**K**amille, Echte **14**, 53, 70, 75, 99, **100**
Kamille, Römische 99, **99**
Kapuzinerkresse 26, 140, **140**
Katzenminze 119, **120**
Kauf, Pflanzen- 17, 24–25
Kerbel, Garten- **14,** 26, 32, 59, 65, 90, **90**
Klostergarten 9, 43
Knoblauch 26, 34, 65, 84, **84**
Knoblauch, Schnitt- 57, 85, **85**
Knoblauch-Treiberei 58
Kompost 31
Königskerze 70, 143, **143**
Konservierung 61–64

Koriander  26, 32, 101, **101, 102**
Kornblume  **53,** 54
Kosmetik-Kräutergarten  51–53, **52**
Kraterbeet  49, **49**
Kräuter à la Provence  66
Kräuter in Essig  65
Kräuter in Öl  64
Kräuter-Dips  65
Kräuter-Lotion  78
Kräuter-Rondell  43–44
Kräuterbeet für eine Familie  **46**
Kräuterbeet  **42,** 46
Kräuterbutter  65
Kräuteressig  64
Kräutergarten, Färber-  53–54
Kräutergarten, Fenster-  57–59
Kräutergarten, Insekten-  54
Kräutergarten, Kloster-  43
Kräutergarten, Kosmetik-  51–53
Kräutergarten, Kreuzform-  42–43, **42**
Kräutergarten, Öko-  48–50
Kräutergeist  72, **72**
Kräutergelee  65
Kräuterlikör  72
Kräutermilch  66
Kräuteröl  70
Kräuterpackung  78
Kräuterrad  43–44
Kräutersalbe  73
Kräuterschnaps  72
Kräuterspirale  45–46, **45**
Kresse  59, **59**
Kresse-Tierchen  **59**
Kreuz-Kümmel  97
Kreuzform-Kräutergarten  42–43, **42**
Küchengarten  39, 42, **42**
Küchenkräuter  65–67, **65**
Kulturschutznetz  31, **31**
Kulturverfrühung  34–35, **34**
Kümmel  32, 97–98, **97,**
Kümmel, Kreuz-  97

Labkraut, Echtes  54
Lauch  26
*Laurus nobilis*  108
*Lavandula angustifolia*  109
Lavendel, Echter  13, 26, 32, 39, 53, **74,** 70, 109, **109**
Lein, Echter  112, **113**
Leinsamen  70
*Leonurus cardiaca*  109
*Lepidium sativum*  110
*Levisticum officinale*  112
Liebstöckel  **10,** 65, 112, **112**
*Linum usitatissimum*  112
Löffelkraut  100, **100, 101**
Löffelkresse  100, **100, 101**
Lorbeer  108, **108**
Lotion, Kräuter-  78
Löwenschwanz  109

**M**ädesüß  51, **51,** 54, 70
Maggikraut  112
Majoran  26, 32, 65, 121, **121**
Majoran, Wilder  122
*Malva sylvestris*  113
Malve, Wilde  **8,** 113, **113**
Mandala-Kräutergarten  49–50, **50**
Mariendistel  70
Marienkäfer  **32**
*Marrubium vulgare*  114
Massageöl  71, **71**
*Matricaria chamomilla*  99
Medizinalwein  72
Meerrettich  32, 90, **91**
*Melissa officinalis*  114
Melisse  114
*Mentha*-Arten  115
*Meum athamanticum*  117
Minze, Grüne  116
Minze, Krause  116, **116**
Minze-Arten  **44,** 65, 75, 115–116
Mischkultur  26–27
*Monarda didyma*  118
Mottensäckchen  79
Mulchen  30

**N**achtkerze  51, **51**
*Nasturtium officinale*  118
Naturkosmetik  76–78
Naturschutz  11
Nelkenwurz  70
*Nepeta cataria*  119
Nützlinge  32

**O**chsenzunge  54
*Ocimum basilicum*  120
Odermenning  73
Öko-Kräutergarten  48–50
Öle, ätherische  13
Origano  **14,** 65, 122, **122**
*Origanum majorana*  121
*Origanum vulgare*  122

**P**aprika  96, **96,** 97
*Pastinaca sativa*  123
Pastinake  123, **123**
Peperoni  96
Permakultur  48
Petersilie  **25,** 26, 32, 58, 65, 123, **124**
Petersilie, Wurzel-  57, **124**
*Petroselinum crispum*  123
Pfefferersatz  67
Pfefferminze  32, 116, **117**
Pflanzenschutz  31–32
Pflanzenschutz, Kräuter für den  34
Pflanzung  18, 29–30
Pflege  30–31
Phytopharmaka  10
pikieren  27
*Pimpinella anisum*  125
*Pimpinella major*  125
*Pimpinella saxifraga*  126
Pimpinelle  133, **134**
Pimpinelle, Kleine  126
*Plantago lanceolata*  126
Planungshilfen  20–22
*Portulaca oleracea*  127
Portulak  127, **127, 128**
Potpourri  79–80, **79, 80**
*Primula veris*  128

**Q**ualität von Kräutern  13–15

**R**ainfarn  34, 54
Rasen, Kräuter für  38
Rauke  59, 103, **103, 104**
Reihensaat  28
Rhabarber  34
Rhizinus  70
Ringelblume  **25, 48,** 53, 70, 95, **96**
Ringelblumen-Salbe  77
Rocambole  84
Rocket  103
Rondell, Kräuter-  43–44
Rosmarin  **16,** 26, 32, **35,** 53, **56,** 65, 75, 129, **129**
*Rosmarinus officinalis*  129
Ruca  103
Rückschnitt  18, 30
Rucola  103
*Rumex rugosus*  130
*Ruta graveolens*  130

**S**albe, Ringelblumen-  77
Salbei, Echter  **8,** 26, 32, 53, 65, 75, 131, **132**
Salbei, Muskateller-  131

*Salvia officinalis*  131
*Salvia sclarea*  131
*Sambucus nigra*  132
*Sanguisorba minor*  133
*Santolina chamaecyparissus*  134
*Satureja hortensis*  135
*Satureja montana*  135
Sauerampfer, Garten-  130, **130**
scented lawn  38
Schachtelhalm, Acker-  **33,** 34
Schafgarbe  53, 70, 75, 82, **82**
Schalotten  83
Scharbockskraut  73
Schlafkissen  79
Schlüsselblume  **11,** 128, **128**
Schmetterlinge  54
Schnitt-Knoblauch  57, 65, 85, **85**
Schnittlauch  26, **30,** 57–58, **59,** 65, 84, **85**
Schnittlauch-Treiberei  58, **58**
*Sedum reflexum*  136
Senf, Weißer  26, 32, 59, 136, **136**
Senkgarten, Duft-  **40, 41,** 51
*Sinapis alba*  136
Spezereien  10
Spitzwegerich  75, 126, **127**
Standort  17, 20, 22
Standraum  20
Stecklinge  35, **36**
Stockrose  70, **71**
Strabo, Walahfrid  8
*Symphytum officinale*  137

**T**aubnessel  73
Tausendgüldenkraut, Echtes  75, 98, **99**
Tee (Pflanzenschutz)  33
Tee, Haus-  76
Tee, Kräuter-  76, **76**
Teilung  35–36, **36**
Terrasse  55–57
Thymian, Echter  26, 32, 65, 75, 138, **138**
Thymian, Zitronen-  138, **139**
*Thymus x citriodorus*  138
*Thymus vulgaris*  138
Tinkturen  73
Tinktur, Arnika-  78
Treiberei, Knoblauch-  58

# Impressum

Treiberei, Schnittlauch- 58, **58**
*Trigonella foenum-graecum* 139
Tripmadam 32, 70, 136, **136**
Trocknen 61–63, **61, 62**
*Tropaeolum majus* 140
*Tussilago farfara* 141

Überwinterung 35
*Urtica dioica* 141
*Urtica urens* 142

*Valeriana officinalis* 142
Veilchen, Duft- 15, **15,** 53
*Verbascum thapsus* 143
*Verbena officinalis* 144
Vermehrung 35–37
Verwendung von Kräutern 65–80
Vlies 29
Vorkultur, Jungpflanzen- 27–28, **27**

Waldmeister 105, **105**
Wasseranschluß 21
Wege 21
Wegrand 38
Wegwarte 76
Weinraute 130, **131**
Weißdorn 76
Wermut 34, 75, 92, **93**
Wiesenknopf, Kleiner 133
Winterkresse 94
Wirkstoffe 12
Wurmfarn 34
Wurzelausläufer 36–37, **36**
Würzen von Brot 67
Würzkräuter 65
Würzmischung 67
Würzsalz 67
Würzwein 72

Ysop 26, 70, 106, **106, 107**

Zitronelle 87
Zitronenmelisse 12, 32, 75, 114, **115**
Zitronenminze 116
Zitronenstrauch 87, **87**
Zitronenverbene 87
Zwiebel 26, 83, **83**
Zwiebel, Etagen- 83, **83**
Zwiebel, Luft- 83, **83**
Zwiebel, Speise- 83, **83**
Zwiebel, Winterheck- 83
Zypressenkraut 134

Mit 197 Farbfotos von Johannes Apel, Elmshorn: 12, 51 r., 83 u., 88 o.r., 90 l., 91 u., 93 u., 107 u., 115 u., 120 u., 124 u., 143 u.; E. Bizer, Hamburg: 29 u.; Rolf Bühl, Stuttgart: 32; Ellen Henseler, Bonn: 34; Hans E. Laux, Biberach: 10 u., 21 o., 51 l., 53 o.l., 62 u., 67 u., 71, 81, 85 l., 87 r., 121, 134 u.r., 136 o., 145; Reinhard Tierfoto, Heiligkreuzsteinach: 2/3, 6, 8 o., 9, 10 o., 17, 19, 22, 24, 25 r., 30 r., 33, 35, 43, 44 l., 45, 48, 53 o.r., 53 u., 55, 56 l., 59, 60 u., 62 o., 64 u., 66, 77, 82, 83 o., 84, 85 r., 86 o., 88 u., 89, 91 o., 92 r., 93 o., 94, 96, 97, 98 u., 99 o., 100 u., 101 o., 104, 105, 107 o., 108, 111 o., 111 u.l., 112, 113 u., 114, 115 o., 116 u., 117, 118, 119, 120 o., 123, 124 u., 126, 127 o.r., 127 u., 129 u., 130, 131 o., 133, 134 o., 135, 136 u., 137, 139 o., 141 o., 142; Edm. Romberg & Sohn, Ellerau: 28 u.l.; Bildarchiv Sammer, Neuenkirchen: 13, 15, 25 l., 28 o.l., 28 r., 30 l., 31 o., 56 r., 60 o., 63, 64 o., 65, 79, 101 u., 102 o., 106, 110 o., 127 o.l., 128 u., 129 o., 140 u.; Peter Schönfelder, Freising: 7, 8 u., 11, 54 o., 72, 73, 88 o.l., 90 r., 92 l., 100 u., 102 u., 109, 110 u., 111 u.r., 113 o., 116 u., 122, 125, 128 o., 132 l., 134 u.l., 139 u., 141 u., 144; Paul Seitz, Stadtallendorf: 16, 21 u., 61, 67 o., 86 u., 87 l., 98 o., 99 u., 103, 124 o.r., 131 u., 143 o.; Karin Skogstad, München: 20, 26, 38, 39, 44 r., 54 u., 57, 74, 95, 132 r., 138, 140 o.; Wolf-Geräte, Betzdorf: 42

Mit 49 Farb- sowie 2 Schwarzweißzeichnungen von Karin Aichele, Mallorca: 39, 42; Reinhild Hofmann, München: 22, 52; Johannes-Christian Rost, Stuttgart: 40–41, 68–69; Paul Seitz, Stadtallendorf: 14 (Chromatogramme); alle anderen von Horst Lünser, Berlin

Die Gestaltungen auf den Seiten 22 und 52 stammen von Cornelia Bott und Lisa Bott-Bächle und sind dem „Ideengeber Kräutergärten" (W. Koristka, C. Bott, L. Bott-Bächle; Franckh-Kosmos 1990) entnommen.

Umschlaggestaltung von Atelier Reichert, Stuttgart, unter Verwendung von zwei Farbfotos von Hans E. Laux, Biberach (Vorderseite) und Karin Skogstad, München (Rückseite)

Die Deutsche Bibliothek – CIP-Einheitsaufnahme

**Kräutergarten** / Paul Seitz. [In Zusammenarbeit mit Mein schöner Garten]. – Stuttgart : Franckh-Kosmos, 1994
(Kosmos-Garten-Bibliothek)
ISBN 3-440-06681-9
NE: Seitz, Paul

Alle Angaben in diesem Buch sind sorgfältig geprüft und geben den neuesten Wissensstand bei der Veröffentlichung wieder. Da sich das Wissen aber laufend in rascher Folge weiterentwickelt und vergrößert, muß jeder Anwender prüfen, ob die Angaben nicht durch neuere Erkenntnisse überholt sind. Dazu muß er zum Beispiel Beipackzettel zu Dünge-, Pflanzenschutz- bzw. Pflanzenpflegemitteln lesen und genau befolgen sowie Gebrauchsanweisungen und Gesetze beachten.

**Paul Seitz** beschäftigt sich seit Jahrzehnten intensiv mit Küchen-, Heil- und Duftkräutern. Er war bis 1992 Leiter des Dezernats für Garten- und Weinbau (Hess. Landesamt) in Frankfurt, seit 1993 arbeitet er selbständig als Ingenieur für Gartenbau und Biologie in der Vegetationstechnik und -beratung.

In diesem Buch werden Hinweise zur Naturheilkunde gegeben. Nur auf die beschriebenen Arten trifft die angegebene Verwendung zu, ihr Gebrauch setzt daher ihre sichere Kenntnis voraus.
Heilpflanzentees sollten immer nur beschränkte Zeit und nicht länger als nötig eingenommen werden, auch Hausteemischungen sollte man öfter wechseln. Behandelt werden dürfen nur leichtere Gesundheitsstörungen, die keiner ärztlichen Behandlung bedürfen. Den Arztbesuch kann dieses Buch auf keinen Fall ersetzen.

© 1994, Franckh-Kosmos Verlags-GmbH & Co., Stuttgart
Alle Rechte vorbehalten
ISBN 3-440-06681-9
Lektorat: Bärbel Oftring
Herstellung, Satz und Lithografie: Concept GmbH, Höchberg bei Würzburg
Printed in Italy/Imprimé en Italie
Druck und buchbinderische Verarbeitung: Printer Trento S.r.l., Trento